JN412718

우리는 사랑하고 위로하고

언젠간 닿을 사랑을 기억하면서

목차

위로_____01

12 결국 좋은 때가 분명 올 거니까
16 주말
22 바다
24 괜한 걱정
26 제일 가슴 아픈 장면이 되어 버린
30 그저 서로의 곁에 남아 위로하고 안아 주고
36 눈을 감고 생각해 봐요
38 그럴 수 있지
42 단약
46 단단한 세계
50 버젓이 서 있었다. 버티고 서 있었다.

사랑_____02

56 여태 보이지 않았던 그대
58 사랑 설명서
62 사랑은 무엇일까
66 알아 갈수록 좋은 것, 사랑
70 사랑할 때 우리의 모습
72 진정한 사랑의 의미
76 기차
80 두 손
82 안정감
84 사랑의 힘
88 당연한 사랑은 없다
90 오해
92 마음의 창살

96 사랑은 죽도록 미워하다가도
100 당신의 영원한 존재가 된다고 약속했으니까
104 사랑은 수많은 노력이 필요하다
108 다짐
110 항상 함께하기로 했잖아
112 이별
114 슬픔의 밀물
118 연락을 기다리던 날
120 세상에서 제일 아름다운 편지

계절 _____03

126 봄
128 기복
130 장마
134 숲
136 처서
138 다분히 다가올 기쁨
140 그의 다정함
142 부서질 건 언젠가 곧 부서질 거라면서
146 떠나려면 떠났겠지
150 우리들의 크리스마스

꿈 _____04

156 용기 내어 도전하고
160 나의 친구
164 꿈의 현실
166 창작이 주는 기쁨과 고통
170 진심을 담아내는 연습
174 사랑하는 노래
178 지겨워질까 봐

184 소음
188 비 오던 영국
190 한적함 속에 앉아 있다는 것
194 유럽 여행
198 드넓고 넓은 우주 속에 별 하나
200 시시콜콜한 이야기
204 은은한 색을 내는 사람
206 매일 가는 카페
210 아름다운 세상, 따뜻한 세계

214 에필로그: 따뜻한 세상을 만들고 싶어

위로

결국 좋은 때가 분명 올 거니까

하루는 문득 이런 생각이 들었다. 어쩌면 불행은 행운을 빛나게 해 주려고 존재하는 건 아닐까. 사람이 살면서 행복하기만 할 수는 없다고 생각한다. 나 또한 그러했다. 사랑에 빠진 적이 있다. 첫눈에 반한 사랑이어서 온 세상을 가진 듯한 기분이 들었다. 그는 내 곁을 늘 지켜 주었다. 일에 지친 날이면 조용한 식당에 데려가 마음껏 웃을 수 있게 했다. 기분이 좋은 날이면 사람이 많은 공원을 함께 거닐었다.

하지만 어느 날 그는 우리가 맞지 않는 것 같다며 이별을 고했다. 너무나도 평범하게, 너무나도 일방적인 말로 이별을 고했다. 곧 다가올 우리의 기념일을 기대하며 선물을 포장해 두었는데. 하고 싶은 말이 너무 많아 세 장이 넘도록 편지를 써놨는데 말이다. 이미 그 사람으로 가득 찬 내 인생을 갑자기 비워 내야 한다고 생각하니 고통스럽기 짝이 없었다. 방 안에 물건 하나 버리는 것도 마음의 준비가 필요한 일인데 나에게는 마음의 준비할 시간 따윈 없었다. 더 이상 살아갈 이유가 없다는 생각이 들었다.

모든 걸 내려놓고 싶을 만큼 포기하고 싶은 순간이었다. 서럽게 울며 아픈 날도, 아무도 내 곁에 남지 않을 것 같은 불안한 마음이 드는 때였다. 불행할 때는 그 어떤 것도 나를 위로해 주지 못한다. 처절하게 도망가고 싶은 마음이, 절대 이 상황이 나아지지 않을 것만 같은 생각이 든다.

벌써 세 달이 지났다. 마음을 먹었다. 그 사람 없이도 살아갈 수 있는 내가 되기 위해 애썼다. 혼자서도 식당에 가고 공원을 걸었다. 나를 갑자기 떠나 버린 그 사람을 원망하지 않기로 결심했다. 이미 나를 사랑해 줬던 것만으로도 감사하기로 다짐했다. 하나하나씩 나의 안에 있는 것들을 토해 내고 비워 냈다. 어느 날은 너무 많이 내뱉어서 쓰러질 것 같은 날도, 또 다른 날은 그 사람이 여전히 곁에 있는 것처럼 느껴져서 괴로운 나날들도 있었다.

그럼에도 하나씩, 하나씩 지워냈다. 결국 모든 게 괜찮아지는 날이 왔다. 언제 그랬냐는 듯 그 사람은 사라졌고 나는 혼자서도 우뚝 서 있는 사람이 되었다. 시간이 약이라는 말은 어쩌면 너무 잔인한 말이지만, 어쩌면 너무 당연한 말이다. 그리고 확신할 수 있는 말이다.

지금 아파하고 있다면 충분히 아파해도 된다. 아프다 못해 무너져도 된다. 다만 부디 포기하지 말 것. 결국 좋은 때가 분명 올 거니까.

주말

간만에 주말 내내 집에 있었다. 창문을 열어두면 쌀쌀했던 날씨가 이제는 제법 더워졌다. 매일 새벽에 일어나 하루 종일 일하고 집에 돌아와 대충 저녁을 먹는다. 누우면 붙잡을 새 없이 시간은 흘러가고 금방 잠에 든다. 어떤 날은 기분 좋게 깨고 또 어떤 날은 이불과 연결되어 있는 듯 도무지 일어나기가 힘들다. 점차 피로는 쌓이고 피곤한 몸으로 인해 마음의 여유조차 사라진다.

그래서 그런가. 이번 주말은 유독 달래지 못한 감정들이 물밀듯 밀려왔다. 주변 사람은 한강을 가고 꽃 구경을 한다. 그리고 페스티벌을 보러 가는데 나는 정오에 겨우 일어나 호밀빵 한 조각 반을 먹었다. 예전에 친구가 프랑스에서 사다 준 밤잼을 발라 먹었는데 맛도 제법 괜찮았다. 그리고 나를 위한 아이스 라테를 한 잔 타 먹었다.

그래도 나아지지 않는 기분을 껴안고 다시 이불 속으로 들어갔다. 평소 사람들에게 잘 웃는다는 말을 듣는 나. 하지만 이따금씩 찾아오는 우울함을 맞이하게 되면 세상을 잃은 듯한 표정을 짓는다. 그럴 땐 우선 책을 편다. 한 문장, 한 문장 마음에 새기며 읽어 나간다. 작가님도 나랑 같은 경험을 해봤나 보다. 무기력할 때 원인을 찾게 되는 게 사람이라고. 그렇지만 죄책감에 시달릴 필요 없이 편하게 쉬라고.

글을 읽어 나가는 내내 엉엉 울었다. 너무 힘들었나 보다. 반복되는 일상에 지쳐 가는 몸과 마음. 사랑하고 사랑받고 싶지만 그럴 용기조차 없는 요즘. 눈앞에 놓인 현실을 보며 내 모든 과거와 미래를 부정하게 되는 나약함. 남들과 비교하며 끝없이 추락하는 자존감. 이럴 거면 굳이 살아야 하나 싶은 몹쓸 생각까지. 더 이상 생각조차 하고 싶지 않아 다시 잠을 청한다. 몸이 충분히 잤다고 이야기해도 계속 잠에 들려고 애쓴다. 그렇게 해가 졌을 무렵에서야 눈을 떴다.

 반쯤 숨은 해를 멍하니 바라보고 있자 아빠가 방문을 살짝 열고 "운전 연습 하러 갈까?"라고 묻는다. "응 좋아. 갈래." 마치 도망가듯 옷을 챙겨 입고 모자를 뒤집어쓰고 차 키를 챙긴다. 드라마 속 여주인공을 흉내 내기엔 차 뒤편에 떡하니 초보 운전 스티커가 붙어 있었다. 아무래도 운전이 서툴다 보니 조심스럽게 운전을 했다. 평소에는 아빠도 같이 긴장하기 일쑤였는데 오늘은 나의 기분을 살피더니 오히려 격려를 건넨다. 차분히 천천히 하면 된다고. 그렇게 한참을 달려 호수가 보이는 공원에 도착했다.

 바람이 분다. 선선하게, 그것도 내 곁에서. 참 웃긴 게 언제 그랬냐는 듯 웃음이 났다. 몇 시간 전까지만 해도 세상이 무너져 내리는 듯 눈물이 흘렀는데.

 아, 그렇지. 사는 게 이런 거였지. 생각해 보면 항상 그래 왔다. 낭떠러지에 서 있는 것 같다가도 누군가의 말 한마디에 위로를 얻고 누군가가 내민 손에 다시 길을 나섰다. 길을 나선 덕분에 내리쬐는 햇살도 느끼고 맑은 하늘도 볼 수 있었다. 인생에서 영영 없을 것만 같던 희망도 찾고 사랑도 만났다. 수없이 경험해 보니 이제는 믿음이 생긴다. 어느 날 또다시 희망도 잃고 사랑도 잃어 절망할 때가 와도 분명 또 누군가로 인해 일어설 수 있다는 믿음. 혹은 내가 누군가에게 그런 존재가 될 수 있을 거란 생각. 그래서 너무 크게 좌절하지도, 힘들어하지도 말라고 이야기하고 싶다. 내 곁에는 나를 응원하는 사람들이 있으니까.

바다

힘이 드는 일이 생길 때면 바다를 보러 간다. 주말 중 몇 시간 동안 어딘가 가기가 참 어려운데, 이상하게 바다 보러 가는 시간은 아깝지 않다. 바다를 보러 갈 땐 주로 기차를 탄다. 기차는 왠지 모를 차분함을 건넨다. 어디로 가야 할지, 내가 잘 가고 있는지 혼란스러울 때 기차는 너무나 당차게 자신이 가야 할 곳으로 향한다. 그럼 괜스레 내 걱정이 무모하게 느껴진다. 나를 감싸는 기차 안의 공기와 빠르게 달리는 기차 소리가 안정감을 더해 준다.

 그렇게 도착한 기차역에서는 나를 마치 반기기라도 하듯 바람이 살랑거리며 분다. 택시를 타고 가는 길에 펼쳐지는 바다의 일부는 내게 편안함을 선사한다. 오늘따라 찰랑거리는 바다를 보며 아무런 생각도 하지 않는다. 일과 사람에 치인 내 마음의 상태도, 사랑 하나 제대로 못 하는 바보 같은 내 모습도, 이 세상을 살아가기엔 아프기만 한 사람들에 대한 애틋함도 다 내려놓는다.

 파도가 일렁인다. 바람이 분다. 그것만으로 충분했던 오늘이다.

괜한 걱정

행복해서 시간이 멈춰 버렸으면 좋겠는 순간이 있다. 살면서 이렇게 좋은 적이 있나 싶을 정도로 감격스러운 날이 있고, 소중한 이 순간을 혹여나 놓치고 잃어버릴까 봐 걱정되는 기억이 있다. 다시는 돌아오지 않을까 봐 붙잡고 싶은 날이 있다. 우리는 그 순간을 기억하며 산다. 포기하고 싶은 날에도, 모든 걸 다 놓쳐 버리고 싶은 날에도, 곁에 아무도 남지 않을 것만 같은 날에도. 혹시 오늘 당신이 그런 날이진 않았을까 싶다. 그럼에도 다시 오게 될, 놓치기 싫은 그날이 올 때를 기다리며 버텨 보자고 말하고 싶다.

제일 가슴 아픈 장면이 되어 버린

예전에 즐겨 봤던 드라마 중 <연애의 발견>은 오래된 연인의 사랑을 다룬다. 남자 주인공과 여자 주인공은 여행가는 기차에서 처음 만나 사랑을 시작했다. 그리고 10년이 넘는 시간을 함께했다. 꿈을 향해 달려가던 남자는 많은 남자가 그러하듯 일에 치인다는 핑계로 많은 것이 변했다. 여자와의 만남은 줄어 가고 몰아치는 일에 몰두하며 살았다. 그러던 어느 날 여자에게 전화가 왔다.

"태하 씨 한 번만 와주면 안 돼? 이유 묻지 말고 한 번만 와 줘."
"왜. 왜 그러는데. 나 지금 지방 내려와 있는 거 알잖아."

남자 주인공이 그녀에게 가지 않았던 그날, 그녀의 아버지가 돌아가셨다. 그렇게 몇 년 후 그 남자는 한 나무 앞에 서 있다. 여자를 지키지 못해 죄송하다는 말을 연신 내뱉으며 눈물을 흘린다.

처음 그 드라마를 봤을 때 이 장면은 나에게 그다지 중요한 장면이 아니었다. 하지만 지금은 나에게 제일 가슴 아픈 장면이 됐다. 그 사람을 처음 만났을 때 그는 아버지를 잃은 아픔으로 방황 속에 갇혀 살았다. 허우적거리는 그를 꺼내 줘야겠다는 생각이 들었다. 점점 가까워진 우리는 이따금씩 술을 같이 마셨고 취기가 올라온 그는 아버지 이야기를 했다. 어느 날은 술을 깨려고 같이 길을 걷는데 "아무래도 아빠가 너를 만나게 해준 것 같아."라는 말을 건넸다. 그는 알았을까. 그 말의 무게가 나에게 얼마나 크게 다가왔는지.

살면서 참 많은 사랑을 받고 사랑을 줬다고 생각했다. 가슴이 찢어지는 게 이런 거구나 생각하며 아파본 적도 있었다. 그런데 그 사람이 주는 감정은 달랐다. 한 번도 뵌 적 없는 분을 그리워하게 만들었다. 내가 아파도 포기하지 않을 힘을 주었다.

늘 누군가를 의지하는 내가 이제는 그를 책임지고 지켜야겠다는 마음이 들게 했다.

드라마 속 남자처럼 먼 훗날 그 사람의 아버지를 만나면 하고 싶은 이야기들이 참 많다. 진짜로 우리를 만나게 해준 게 맞냐고. 그렇다면 고맙다고. 모든 걸 놓고 떠나고 싶은 순간도 많았지만 그 사람 곁을 끝까지 지켜냈으니 나 좀 칭찬해달라고 말이다.

그저 서로의 곁에 남아 위로하고
안아 주고

내 나이 스물여덟. 열세 살 때부터 보던 친구가 몇 달 전 결혼한다며 연락이 왔다. 싱어송라이터가 꿈이었던 친구는 수업 시간에 늘 노래를 흥얼거리거나 팝송 가사 밑에 발음을 한글로 적어 가며 자신의 꿈을 키워 나갔다. 어렸을 때 나의 눈엔 저렇게 철이 없는 친구가 있을 수 있나 싶었지만, 친구는 영국에서 싱어송라이터로 활동하다 미국인과 결혼하게 되었다. 우리 친구 중 가장 오랜 꿈을 품고 결국 그걸 이룬 유일한 사람인 셈이다.

누구보다 멋져 보이는 친구에겐 아픈 사연이 하나 있다. 최근 몇 년간 어머니가 투병 생활 중이었다. 우리가 초등학생 때까지만 해도 아픈 곳 없이 건강하셨던 분인데. 항암 치료 과정을 겪고 회복이 되었지만 다시 재발했다. 또다시 회복하려고 하면 전이가 되는 상황이라 결혼식 참석이 가능할지도 미지수였다. 심지어 암세포가 뼈까지 전이되어 더 악화된 상태였다.

어머니의 상태로 인해 친구는 결혼식을 앞당겼지만 그조차도 미지수였다. 결혼식 일주일 전 병원에 입원해야 하는 상황이 되었기 때문이다. 친구는 자세한 상황도 말하지 못한 채로 그저 어머니의 회복을 기다릴 뿐이었다.

하늘이 도운 걸까. 다행히 어머니는 퇴원하고 결혼식에 참여할 수 있게 되었다. 분홍색 한복에 고운 화장을 하고 가발을 쓴 친구 어머니의 모습은 17년 동안 보았던 모습 중 가장 아름다운 모습이었다. 표정 또한 그랬다. 억지로 지은 미소가 아닌 진심으로 행복해하는 표정, 그리고 사랑하는 딸을 보내는 애틋한 마음이 담긴 간절한 표정이었다.

식이 시작하기 전에 어머니와 아버지에게 인사를 건넸다. 오랜만에 뵙는데도 반갑게 인사를 건네주었다. 전보다 더 마른 몸이라 마음이 아팠지만 그래도 뵐 수 있음에 감사함을 느꼈다.

결혼식은 일반적인 결혼식과 조금 다른 형식으로 진행되었다. 미국에 있는 친구 남편의 부모님이 참석하지 못해서 양가 어머니 입장은 생략되었다. 대신 아버지가 어머니의 손을 잡고 두 사람이 입장했다. 마치 30여 년 전처럼 말이다. 그때보다 얼굴도 늙고 걸음도 느려졌겠지만, 사랑하는 눈빛은 더 깊어진 듯 보였다. 두 사람이 입장하자 사람들은 환호성을 질렀다. 오늘 결혼하는 친구와 남편보다 더 큰 관심을 받는 것 같았다.

친구와 미국인 남편은 함께 입장했고 혼인 서약을 마친 뒤 친구의 아버지가 축사를 하기 위해 단에 올라섰다. 어렸을 때 친구의 모습, 성장하면서 귀여웠던 순간들, 어른이 되어 독립한 후 고생했던 이야기, 앞으로 결혼 생활에 있어서 필요한 부분 등 낯선 것 없는 이야기를 들려주었다. 그러다 축사가 끝날 때쯤 "가난하고 부족한 나와 결혼해서 고생하는 영미야. 많이 미안하고 고맙다. 우리도 남은 시간 아이들처럼 행복하게 보내자."라고 했다.

영미는 친구의 이름이 아닌 어머니의 이름이었다. 딸과 사위가 될 이에게 전하는 축사도 있었지만, 아내에게 보내는 편지도 담겨 있었던 것이다. 아버지는 결국 눈물을 흘렸고 자리에 앉아 듣는 어머니도, 맞은 편에 서 있는 친구도, 하객도 모두 조용히 눈물을 닦았다.

많은 결혼식에서 눈물 흘리는 사람을 보기도, 내가 눈물을 흘려 보기도 했지만 이렇게 눈물이 투두둑 떨어질 정도의 결혼식은 처음이었다. 나뿐만 아니라 모두가 그랬겠지.

결혼식이 끝나고 신랑, 신부, 친구들과 뒤풀이를 했다. 언제나 어린아이처럼 밝은 친구의 모습이 오늘은 왠지 어른 같아 보였다. 그 시간을 묵묵히, 아니 아파도 소리 내지 않고 버텨냈기 때문일까.

시끌벅적한 분위기 속에서 축하하다가 잠시 밖으로 나와 같이 바람을 쐬고 있었다. "어머님은 좀 어떠셔?" 힘들게 내뱉은 질문에 친구는 덤덤히 어머니의 상태에 관해 이야기하며 앞으로 얼마나 남았을지 모르겠다고 했다. 아무렇지 않은 척하려 했지만 친구 눈엔 눈물이 고였다. 건넬 수 있는 위로라곤 없었다. 그저 손을 잡고 안아 주는 게 전부였다. 우린 서로의 마음을 안다는 듯 토닥였고 울음을 삼켰다. 이후 우리는 술에 잔뜩 취한 채 어렸을 때 이야기를 나눴다. 수업 시간에 선생님 말씀을 듣지 않고 까불었던 이야기, 학교가 끝나면 집에 가지 않고 운동장에 모여 해 질 때까지 놀았던 기억, 어른이 되고 나서 자주 보지 못해 서운했던 마음마저 나누자 한결 마음이 가벼워진 느낌이었다. 친구도 언제 눈물이 났냐는 듯 더 밝은 목소리로 대화를 나눴다.

더 이상 술을 마실 수 없는 상태가 되어 친구와 인사를 나누고 혼자 집으로 돌아와 침대에 누웠는데, 마음이 이상했다. 마음속에 먹먹히 쌓인 슬픔을 쏟아 내듯 눈물을 흘렸다. 밝게 웃어도 그 속은 얼마나 아프고 힘들까. 내 친구도, 어머니도, 아버지도. 생각해 보면 우리가 사는 인생은 고통이 가득하다. 심지어 어떤 고통은 나의 잘못도 없이 예상하지도 못한 채 다가와 나를 무너뜨릴 때가 많다. 그렇다면 우리는 이 고통을 어떻게 버텨 내야 할까. 어떻게 이겨 내야 하는 걸까.

여전히 답을 모르겠다. 그럼에도 우리가 할 수 있는 건, 그저 서로의 곁에 남아 위로하고 안아 주는 게 아닐까 하는 생각이 드는 밤이었다.

눈을 감고 생각해봐요

아등바등 살아가다가 잠시 멈춰 섰는데 이렇게 사는 게 맞나라는 생각이 들 때가 있다. 분명히 좋아서 시작했고 확신에 차서 시작한 일이 어떻게 흘러가는지 모르겠는 거다. 그러면 이제 주변 사람들에게 물어본다.

"있잖아. 나 지금 잘살고 있는 걸까?"

그럼 대부분 잘살고 있다고 위로해 준다. 하지만 그 응원도 잠시, 내가 멈춰 있는 기분이 든다. 아무리 남들이 말해 줘도 나 자신은 확신이 없으니까. 그럴 땐 눈을 감고 내가 하고 있는 것을 회피하는 것이 아니라 차분히 하나씩 생각해 본다. 그렇게 하다 보면 내가 처음에 가졌던 열정, 여태 버텨 온 끈기, 앞으로 나아갈 힘 그런 게 느껴질 테다.

그럴 수 있지

그럴 수 있지. 실수할 수 있지. 잘못하다가 남한테 상처 줄 수도 있지. 반대로 상처받을 수도 있지. 살다 보면 의도치 않게 말을 잘못 내뱉어서 누군가를 아프게 할 수도 있고, 온전히 믿었던 사람에게 배신당할 수도 있지.

고통스러운 때도 있겠지. 내가 유영해도 되는 줄 알았던 곳이 어느 순간 진흙방이 될 수도 있지. 잔뜩 헤엄치라고 해서 그 말만 믿고 뛰어들었는데 수심이 너무 깊어 빠져 버릴 수도 있지. 그러다 어느 순간 숨도 못 쉬게 위험하고 힘든 순간이 올 수도 있을 거야.

어느 날은 눈물을 하루 종일 흘리는 날도 있겠지. 원하는 꿈을 이루기 위해 밤낮없이 살아왔는데 생각보다 이루기 어려운 날도 찾아오겠지. 할 수 있다는 말 한마디만 믿고 시작했는데 사실 현실은 그렇지 않다는 걸 느끼는 날도 올 거야.

아무도 곁에 없는 시간도 있겠지. 남들이 아파하고 괴로워할 때는 옆에서 눈물을 닦아 주고, 휴지를 건네주고, 안아줬는데 정작 나의 곁엔 아무도 남지 않는 날도 있겠지. 누가 그저 괜찮다 한마디 건네주면 해결될 것을 그 이야기를 못 들어서 우울의 심연 속에 갇혀 버리는 날도 있겠지.

그럴 수 있지, 그럴 수 있지. 그래도 괜찮아. 괜찮아.

단약

심리적인 부분을 치료받고자 먹던 약이 있었다. 약을 먹은 지도 벌써 열 달이 다 되어간다. 나의 목표는 해가 바뀌기 전까지 약을 끊는 것이었다. 전부는 아니지만 다행히 제일 핵심이 되는 약을 끊기로 했다. 단약하기로 한 것이다. 약을 끊을 생각에 마음이 들떴다. 더 이상 거지 같이 시간에 맞춰 약을 먹지 않아도 되기 때문이었다. 나를 억누르는 감정으로부터 해소되는 기분이었다.

하지만 단약은 쉽지 않았다. 속이 울렁거려 토할 것만 같은 느낌이 들었다. 하루, 이틀이 지나고 나서도 증상은 계속됐다. 심지어 머리가 핑 돌고 금방이라도 쓰러질 것 같은 상태가 지속됐다. 병원에 문의해 보니 단약하는 기간에는 부작용이 있다고 했다.

버티거나, 다시 약을 먹으면서 조금씩 끊어내는 두 가지 방법이 있다고 했다. 나는 일절 고민 없이 버티기로 했다. 버텨야만 했다. 지금 여기서 버티지 않으면 앞으로 다가올 일들을 버틸 수가 없다는 생각이 들었다. 짧게는 일주일, 길게는 한 달까지 간다고 했으니 우선 일주일씩 끊어서 버티기로 했다. 하루를 버티니 이틀이 고비였고, 이틀을 버티니 사흘이 고비였다. 오늘을 버티면 내일이 고비였다. 당장이라도 쓰러질 지경이었다. 출근도 하지 못했다.

하지만 계속 버티고, 버티고, 버티다 보니 결국 몸이 회복됐다. 몸이 돌아온 것이다. 내 스스로가 대견해 눈물이 날 지경이다. 사랑하는 가족들은 해낼 줄 알았다며 격려의 말을 건네줬다. 남편은 나를 꽉 안아주며 앞으로도 같이 버텨보자고 이야기했다. 그렇게 나는 버티고 견디고 이겨냈다.

앞으로 살아가다 보면 어떤 일이 다가올지 모른다. 나도 내가 아프고, 그래서 약을 먹고, 단약 부작용에 시달릴 줄은 몰랐다. 신을 원망한 적도 있었다. 그럼에도 끝없이 버티고 시간에게 나를 맡겼다. 그렇게 하나하나씩 차분하게 해결해 나갔다. 혹시 지금 이 글을 읽는 당신도 아프진 않은지, 견디기 힘들지는 않은지 염려가 된다. 당신만 그런게 아니라는 걸 알았으면 좋겠다. 그리고 버텼으면 좋겠다. 당신은 혼자가 아니니.

우리 버티자, 같이.

단단한 세계

가족들이 집에 놀러 왔다. 반나절을 함께 시간을 보내고 각자 집으로 향하는 길, 인사를 건네고 집으로 들어왔다. 커피와 요리한 흔적을 치우고 남편과 침대에 누워 이불을 덮었다. 문득, 결혼하길 잘했다는 생각이 들었다. 힘들 땐 한없이 힘들고, 다툴 땐 끝없이 바닥으로 추락하는 감정을 붙잡을 수가 없어서 지친다. 그래도 그저 내 옆에 있다는 이유 하나로 인생을 버틸 수 있다는 생각이 든다.

마음 한편으로는 두렵다. 이 행복과 사랑이 언젠간 끝나지 않을까 하는 이상한 불안감에 휩싸인다. 하지만 분명하다. 우리는 버티고 버틸 거란 걸. 여태 버텨왔듯이 앞으로도 버틸 거란 걸. 그리고 웃으며 그 시간들을 추억할 수 있다는 걸 알고 있다.

남편과도 그랬지만 가족들도 마찬가지다. 힘든 시기가 있었다. 서로를 미워하고 손가락질했다. 매일 원망의 눈물을 흘리며 죽일 듯이 다툰 적도 있었다. 하지만 우리는 여전히 서로를 사랑한다. 서로뿐이 없다. 심지어 사랑하는 가족이 더 생기기도 했다. 나의 남편과 조카. 그렇게 우리는 더 단단한 세계를 구성해 가고 있다.

늘 잘될 거란 걸 보장할 순 없다. 정확한 건 힘든 때가 있으면 좋은 때도 반드시 온다는 것이다. 지금은 좋은 때다. 그리고 더 좋아질 수 있다고 생각한다. 좋은 때를 즐겨야지. 좋은 때를 사랑으로 보내야지.

버젓이 서 있었다
버티고 서 있었다

나의 말과 나의 글이 온전한 위로가 될 수 없다는 걸 느꼈다. 오히려 위로하겠다고 건넨 말들이 가시가 되어 박힐 수도 있다는 생각이 들었다. 최근에 친구가 몇 년간 준비하던 일이 무산되었다. 모든 걸 잃은 듯한 목소리로 전화가 왔다. 더 이상 삶의 의미를 찾을 수가 없다고 이야기했다. 친구가 얼마나 아플지 감히 예측할 수 없었다. 처음에는 무너지지 말라고 이야기했다. 이럴 때일수록 마음을 다잡아야 한다고 격려했다. 아픈 걸 이해하지만, 모든 걸 포기해 버리는 건 안 된다고 말했다.

친구는 눈물을 흘렸다. 나의 위로는 허공에 흩어지는 소리 같았다. 모든 소리가 다 흩어져 친구의 마음에는커녕 귀에도 닿지 않았다. 그때 느꼈다. 아무리 가까운 사이여도 모든 걸 다 위로할 수 없다는 걸. 허탈했다. 글로 위로하려는 사람이 되고 싶었는데, 정작 내 곁에 있는 가까운 사람도 위로하지 못한다는 게 아팠다. 위로하기를 포기하고 싶은 마음도 들었다. 꽉 쥐고 있던 손을 펴서 나의 마음을 흘려 보내고 싶은 생각이 들었다.

하지만 포기하지 않았다. 말로도 글로도 위로할 수 없었지만 그저 곁에 있기로 다짐했다. 그저 나의 존재 자체가 조금이라도 위로가 되길 바라며 버젓이 서 있었다. 나조차도 단단하지 못하지만 혹여라도 쓰러질 내 친구의 마음의 지지대가 되어주기 위하여 버티고 서 있었다. 그러자 친구가 조금씩 나에게 기대기 시작했다. 아픈 게 사라지진 않았지만 버틸 힘이 생겼다고 이야기했다. 때로는 그저 내가 버티는 게 남을 위로할 수 있기도 하겠다는 생각이 들었다.

사랑

여태 보이지 않았던 그대

어느 날 갑자기 문득 눈에 띄는 존재들이 있다. 평소에 그냥 지나치던 옷 가게, 매일 걷는 길에 붙어 있는 전단지 그리고 언제나 그 자리에 있는 주변 사람들. 늘 같은 곳에 있었기에 여전히 잘 사는구나 생각했던 사람이 생각나는 순간이 온다. 특히 나처럼 추억에 약한 사람은 그 사람과 관련된 사진을 보거나 노래를 듣게 되면 생각이 잔뜩 떠오른다. 함께 갔던 곳, 같이 맛있다며 먹었던 음식, 나란히 앉아 봤던 영화 그리고 해가 지도록 나눈 대화들까지. 현실을 도피하고 싶을 땐 더 깊숙하게 그때 그 시절에 빠져든다. 그렇게 어느 날 용기를 내어 "보고 싶어요."라고 메시지를 보내는 순간, 이미 내 마음은 그 사람에게 향하고 있다. 그렇게 또 사랑과 비슷한 감정이 시작된다.

사랑 설명서

최근 방 정리를 하다가 한편에 가득 쌓인 설명서들을 발견했다. 블루투스 스피커, 노트북, 조명이 나오는 거울 등 설명서란 설명서는 다 모여 있었다. 사실 웬만한 기계는 잘 다룰 수 있기 때문에 설명서가 따로 필요하지 않은 게 사실이다. 그래도 혹시나 필요할 때가 올까 봐 버리지 못하고 쌓아두고 있다.

생각해 보면 사랑도 그렇다. 이미 마음이 움직이기 시작하면 설명서가 필요 없다. 그저 내 마음이 가는 대로 행동하기 때문에. 누군가를 좋아하면 자주 생각이 나고 생각이 나면 보고 싶어지기 마련이다. 사람마다 다르겠지만 나는 주로 상대방에게 안부를 묻는다. 그리고 그 사람과 나눴던 대화를 회상하며 좋아할 것 같은 노래를 찾아 듣는다.

사랑을 할 땐 어떤가. 이 세상 표현이라는 표현은 다 한다. 보고 싶다, 사랑한다 말하기. 껴안기. 얼굴 빤히 쳐다보며 웃기. 종종 이런 직접적인 표현보단 마음으로 사랑을 나타내는 사람은 당황하기도 한다. 그래도 시간이 지날수록 그 표현에 익숙해져 미소 짓는 상대방을 보면 괜한 뿌듯함을 느낀다. 서로에게 물들어 가는 과정이다.

사랑에서 제일 중요한 건 뭘까? 어떤 사람은 신뢰가 제일 중요하다고 말하고 어떤 사람은 의지가 제일 중요하다고 말한다. 이때 나는 사랑 설명서를 펼치고 싶은 마음이 간절하다. 정답을 알고 싶다. 더 깊은 속내는 내가 가지고 있는 사랑에 대한 가치가 맞는지 확인받고 싶은 마음이랄까. 다른 그 무엇보다도 그저 사랑하는 마음이 다인데. 신뢰가 깨져도 의지가 부족해도 그저 당신 사랑하는 마음이면 이별하고 싶지 않은 내 마음을 알까.

혹 누군가가 나에게 사랑의 설명서를 만들어 달라

고 하면 다른 설명들도 많겠지만 이 문장은 꼭 넣을 것이다.

"그저 사랑하세요."라고.

사랑은 무엇일까

예전부터 버릇이 하나 있다. 식탁에 앉아 소파에서 TV를 보는 엄마와 아빠를 쳐다보는 것이다. 가만히 그 둘을 보고 있으면 마음이 이상해진다. 이 세상에서 내가 제일 사랑하는 두 사람. 얼굴과 체형 모두 다른데 분위기가 비슷하다.

엄마와 아빠는 대학 교수님의 소개로 만났다고 했다. 엄마는 아빠가 너무 말라서 싫었다고 말하지만, 우연히 자꾸 마주치는 아빠에게 이상한 마음이 생기기 시작했다고 이야기한다. 아빠는 결혼보단 공부가 중요했던 사람이었다. 하지만 눈앞에 아른거리는 엄마를 두고 꾸던 꿈을 내려놓았다고 한다. 그렇게 둘은 일 년도 채 안 돼서 약혼을 했고, 따스한 봄날 어느 한 성당에서 결혼했다.

나는 연애에 관심이 많은 청소년 때나 결혼에 관심이 많은 그때나 꽤 자주 둘이 어떻게 만났는지를 묻는다. 물었던 걸 또 묻고, 들었던 걸 또 듣는다. 그러면 엄마와 아빠는 무슨 그런 이야기를 하냐며 부끄러워하다가도 지난 기억을 생생하게 설명해 준다. 한 명이 이야기하면 다른 한 명은 그저 들으며 미소를 짓는다. 그렇게 나는 대체 사랑이 어떤 거길래 이렇게 웃음이 나는 건지 생각한다.

사랑은 뭘까. 분명 관심이 없었는데 괜히 이끌리는 것? 나의 꿈을 포기하고 그 사람을 선택하는 것? 아니면 30년이 지난 기억을 생생하게 말하며 그 사람을 바라보는 것? 아직도 정답을 잘 모르겠다. 그래도 하나 정확한 건 변함없이 그 사람을 나에게 새기는 것 같다. 그러다 보면 이목구비도 다르고 키도 다른 두 사람이 점점 닮아가는 것. 그게 사랑이지 않나 싶다.

알아갈수록 좋은 것, 사랑

작년에 브루노 마스 내한 공연을 간 적이 있다. 그 아티스트에 대해 아는 거라곤 곡 하나가 전부였다. 공연을 관람하는 것보다 참여하는 걸 좋아하는 나는 셋리스트에 맞춰 노래를 듣곤 했다. 막상 공연에 가서는 모든 게 영어 가사라 따라 부른 노래가 몇 없지만, 그 이후로 그 아티스트에게 빠져 노래를 더 열심히 듣게 되었다. 공연에서 들었던 노래는 반가워하며 듣고 그중 좋아하는 노래도 생겼다.

그리고 그 아티스트가 왜 가수가 되었는지, 어떻게 유명해졌는지, 어떤 종류의 노래를 하는지에 관해 알아보며 점점 빠져들게 되었다. 그래서 나중에 한국에 오게 된다거나 해외에 갔을 때 공연을 또다시 보러 가기로 다짐했다.

어떤 사랑의 모습도 마찬가지라고 느낀다. 처음에 그 사람에 대해 아는 거라곤 이름이 전부지만 우연히 마주하게 되면서 그 사람이 마시는 커피 종류가 무엇인지, 일할 땐 어떤 모습인지, 밥을 먹을 땐 속도가 빠른지 느린지 알게 된다. 그러다보면 괜히 내 머릿속에 그 사람이 스치게 된다. 그렇게 잘 알지도 못하는 그 사람을 관찰도 하고, 여러 가지 질문을 하며 더 자세히, 더 깊게 알아가게 되는 것. 처음에는 호기심, 아니면 어떠한 끌림이었다면 결국엔 사랑이 되는 그 희한한 모습.

나는 그런 사랑이 좋다. 왠지 연구하는 사랑 같달까. 면밀하게 살펴보고, 그 사람에 대해 알아가는 게 쌓여 갈수록 기분 좋은 감정이다. 다양한 질문을 하고 듣고, 그렇게 서로의 모습을 기억하는 모습 말이다.

사랑할 때 우리의 모습

마음과 마음이 통하는 일. 손과 손이 맞닿는 날. 얼굴과 얼굴이 마주하는 시간. 상대방이 내뱉는 말들을 하나씩 마음에 담는 순간. 부풀어 오르는 감정을 전달하기 위해 압축하고 압축하며 이야기하는 단어들. 그 사람을 보기 위해 기다릴 땐 1초가 1시간 같이 느껴지다가도, 함께 있을 땐 빨려 들듯 지나가는 시간들. 그 속에서 서로를 바라보는 우리. 영화 같은 장면들. 그렇게 내 삶이 한 편의 드라마가 되기도 해. 그리고 이 모든 걸 표현할 수 있는 말, 사랑.

진정한 사랑의 의미

루시드폴의 <오, 사랑>이라는 노래가 있다. 나는 어떤 곡에 빠지게 되면 며칠 내내, 아니 몇 달 동안 그 노래 한 곡만 반복해서 듣는 습관이 있다. 처음에는 멜로디가 좋아서 듣게 되다가 나중에는 노랫말에 집중하게 된다.

이 곡은 그대가 어디 있는지는 모르지만 그곳을 향해 포기하지 않고 나아간다는 가사를 담고 있다.

'그대가 볼 수 없어도 나는 꽃밭을 일구네'
'날개가 없어도 나는 하늘을 날으네'

제일 좋아하는 가사 두 군데다. 당신이 볼 수 없지만 언젠간 볼 수 있다는 기대감으로 꽃밭을 일구는 사랑, 날개가 없지만 어떻게 해서든 날아올라 당신을 찾아내려는 끈질긴 사랑.

누군가에게는 터무니없어 보이지만 나에게는 한없이 아름다워 보인다. 포기하지 않는 사랑이야말로 진정한 사랑이라고 믿어서겠지. 어떤 사람을 사랑하기로 마음먹고 포기하지 않는다는 것은 정말 어려운 일이다.

나 자신조차도 나의 바닥을 보고 스스로를 미워하고 밀어낼 때가 얼마나 많은가. 하지만 내가 아닌 타인의 모난 모습과 바닥을 보면서도 여전히 사랑한다는 건 정말 대단한 일이다.

사랑의 정의는 수없이 많다. 사람마다, 사랑마다 다를 수 있다. 하지만 이렇게 사랑의 진정한 의미에 대해서 계속 고민하다 보면 어느 순간 내가 생각했던 대로 사랑할 수 있게 되는 날이 온다. 고민만 하는 것 같지만 자세히 들여다보면, 향기처럼 내 생각과 몸에 스며드는 것이다.

기차

오랜만에 서울역에 왔다. 군복 입은 사람도 있고 캐리어를 두 개 끌고 가는 사람도 있다. 기차표를 끊는 사람도 있다. 아직 여유가 있던 터라 우리는 카페에 들러 커피와 간단한 요깃거리를 사서 승차장으로 향했다. 멀미가 있는 나인데 역방향을 끊어 미안하다는 말을 연신 내뱉던 당신. 어깨에 기대어 자면서 가도 된다는 내 말에 당신은 그제서야 미소를 지었다.

맨 뒷자리의 나와 당신. 창 너머로 비치는 햇살. 짐을 위로 올리고 자리에 앉아 내 손 위에 당신의 손을 포개고는 "날씨 정말 좋다."라고 말한다. 나는 당신이 나를 뚫어져라 볼 때마다 늘 고개를 휙 돌리며 "응."이라고 대충 대답하고 만다. 그리고 고개를 끄덕인다. 당신의 어깨에 기대어 당신만 들을 수 있을 만큼만 소리를 내어 노래를 흥얼거린다. 그럼 당신은 손가락을 까닥거리며 리듬을 탄다. 말하지 않아도 알 수 있는 우리의 기분. 그렇게 스르르 잠이 든 나는 중간역에 도착했다는 안내 방송에 눈을 뜬다. 자면서도 한 손으로 햇빛을 가려 주는 당신.

그렇게 한참 창밖을 보고만 있었는데 금세 그곳에 도착했다. 서울과는 또 다른 공기를 마시며 택시를 타고 바다로 향한다. 가는 길에 보이는 바다의 일부를 뚫어져라 쳐다본다.

늘 그렇듯 바다는 우리를 반겨주었다. 천천히 나를 뒤따라오는 당신에게 뛰어가 안긴다. 당신은 내 머리를 헝클어트리며 웃는다. 손을 잡고 걷는 모래 사장마저도 빛이 나는 기분이 들었다. 그렇게 우리는 계속, 또 계속, 손을 잡고 걸었다. 하염없이.

두 손

우리 좋은 것만 보고 듣자. 서로만 바라보면서 살자. 가끔은 주변에서 우릴 괴롭히는 것들도 있겠지만, 서로 없이는 안 되니까 잘 버티면서 걸어가 보자. 버틸 힘이 없으면 서로 일으켜 주기도 하고 꼭 붙잡은 두 손 놓지 말고 가보는 거야. 그렇게 하나하나 버티다 보면 결국 영원한 사랑을 보겠지. 이루자, 영원한 사랑.

안정감

당신은 이루 말할 수 없는 안정감을 준다. 내가 불안에 갇혀 있을 때도, 우울함에 사로잡혀 눈물 흘릴 때도, 세상이 나를 잡아먹으려는 느낌이 들 때도. 당신이 갑자기 사라질 것만 같은 두려움에 휩싸여도, 나 자신이 무너질까 봐 걱정할 때도 내가 불안하지 않도록 꽉 껴안아 준다. 당신 품에 안길 때면 내게서 나오는 부정적인 감정들이 모두 힘을 잃는 기분이 든다.

그렇게 진정이 되면 당신은 나에게 이유를 묻는다. 왜 그렇게 눈물이 났는지, 어떤 게 나를 괴롭히는지 말이다. 가끔은 자존심이 상해서, 또 가끔은 나도 이유를 모르겠기에 말하지 못하는 날이 있는데 그럴 때마다 기다려 준다. 내가 이유를 말하기 전까지 기분이 조금이라도 풀리도록 나를 웃겨준다. 손깍지를 끼거나 눈을 그윽하게 바라보기도 하고, 짓궂은 표정을 지으며 어떻게 해서든 나의 기분을 풀어주려고 한다. 그러다 보면 어느 순간 마음도 감정도 차분해진 나를 발견한다.

사랑이 주는 안정감은 대단하다. 힘든 시간 동안 웃게 해 주는 사랑의 힘은 강력하다. 치솟는 감정을 진정시켜 주는 사랑은 평화롭다. 한 사람을 사랑하기까지 많은 시간과 깊은 노력이 필요하지만, 그 모든 게 무색할 만큼 사랑은 아름답고 평화롭다.

사랑의 힘

어느 날 퇴근을 마치고 연인의 집에서 시간을 보내고 있었다. 저녁을 먹고 침대에 누워 오랜만에 이런저런 이야기를 나누고 있었다. 언제 잠이 들었는지 모르게 자다가 깼을 때 몸이 이상하다는 걸 느꼈다. 열이 39도까지 올랐다. 연인은 처음에 조금 당황하는 듯하더니 바로 수건을 적셔 내 머리 위에 올려 주었다. 집에 있는 해열제를 찾아 건네고 어디가 아픈지 꼼꼼히 확인했다. 한기를 느끼자 손을 잡아 주며 조금만 참으라고 이야기 해 주었다. 그렇게 몇 시간이 지났을까. 다행히 열이 금방 떨어졌고 연인은 집까지 데려다 주었다. 꼭 안아주며 푹 쉬라고, 사랑한다는 말과 함께.

몸이 아플 때 누군가가 옆에서 간호해 주면 든든하다. 힘이 없고 정신이 맑지 않아도 눈을 뜨면 보이는 그 사람 때문에 아픔을 견뎌낼 수 있다. 축 처져 있다가도 금방 회복해서 얼른 좋은 시간을 보내고 싶어진다.

마음이 아플 때도 마찬가지다. 다른 사람과 비교하며 내가 제일 불행하다는 생각이 들 때, 내 곁에 있는 사람이 모두 떠나가 버릴 것만 같은 불안감이 찾아올 때. 여태 해냈던 건 운이 좋아서였고 앞으로는 해낼 힘이 없다는 생각이 들 때가 있다. 차라리 몸이 아프면 병원에 가서 약을 처방받고 주사를 맞을 텐데, 마음이 아플 땐 금방 낫는 방법이 없어서 갈수록 위태로워지는 기분이다. 그때 사랑하는 사람이 다가와 나의 마음을 보살펴 준다. 왜 아픈지 이야기를 들어주고 쉬어가도 괜찮다고 위로한다. 언제든 곁에 있을 테니 힘이 나면 같이 걸어가 보자고 말한다. 그럼 절대로 회복할 수 없을 것 같은 마음에 힘이 생긴다. 스스로를 감싸고 용기를 내본다.

이게 내가 생각하는 사랑의 힘 중 가장 큰 영역이다. 몸이든 마음이든 아프고 다친 순간 찾아갈 곳이 있다는 것. 쓰러지고 넘어져도 다시 일어날 용기가 생기는 것. 그렇게 나도 사랑하는 이가 아플 때 찾아가 보살펴 주고 회복하도록 돕는 것. 사랑은 그렇게 순환하고 힘을 주고받는 것이다.

당연한 사랑은 없다

사랑을 오래 할 때 필요한 건 그 사람의 행동에 대해 안일함을 갖지 않는 태도다. 아침에 일어나면 잘 잤는지 메시지를 보내며 안부를 묻는 것, 하루를 어떻게 보내고 있는지 대화를 나누는 것, 비가 오는 날은 우산을 꼭 챙기라고 말해주는 것, 일에 치여 지친 날에 위로를 전하는 것, 함께 만나 시간을 보낼 때 내가 먹고 하고 싶은 것을 물어보는 것. 이 중 그 어떤 것 하나도 사랑 없이는 하기 힘든 일이다.

안부 한 번엔 정성 하나가 필요하고, 걱정 한 번엔 마음 하나가 필요하다. 위로 한 번엔 진심 하나가 필요하고, 관심 한 번엔 애정 하나가 필요한 법이다.

어쩌면 오늘 그 사람이 내게 건넨 사랑의 표현을 당연히 여기지 않았는지 생각해 볼 필요가 있다. 안일하게 여기는 순간, 사랑은 당연한 것이 되어 버리고 당연한 것이 되어 버리는 순간, 사랑을 쉽게 여길 수 있는 법이니까.

오해

사랑하다 보면 오해하는 순간이 생기기도 한다. 상대방을 위해 한 배려가 도리어 나만 생각하는 이기적인 행동이 되기도 하고, 웃으려 던진 농담이 상대방에게 상처가 되기도 한다. 바쁜 날 자주 만나지 못해 근사한 식당을 데려갔지만 정작 상대방은 그저 나와 단 둘이 시간을 보내고 싶을 수도 있으니까. 부담이 될까봐 털어놓지 않았던 속마음이 오히려 상대방에겐 선을 긋는 것처럼 오해할 수 있다.

이 오해를 잘 푸는 것도 하나의 지혜라고 생각한다. 쏟아냈던 감정을 추스르기, 말 속에 담긴 정확한 뜻 찾기, 입장 바꿔 생각하기. 그 사람의 의도를 확실하게 알기와 같은 과정을 거치면서 차분히 돌이켜 보는 거다. 그 시간 속에 해답은 있다. 분명 그 사람과 나의 마음만큼은 진심이니까. 그러니 오해하게 됐을 때는 무작정 미워하기보다 우선 잠시 멈추고 생각해 보는 것이다. 그러면 좋은 결론을 얻어낼 수 있을 거다.

마음의 창살

"대체 왜 말을 그렇게 해?"

 최근 들어 내가 당신에게 가장 많이 하는 말이다. 당신은 이성적인 사고와 대화를 좋아하고, 나는 감정과 공감이 중요한 사람이다. 당신이 편하게 내뱉은 말이 나에게는 가시가 되어 돌아올 때가 많다. 어떤 때는 애써 삼켜 내고, 어떤 때는 화를 낸다. 그러면 당신은 대부분 당황스러운 표정을 지으며 날 쳐다본다.

"내 말이 어때서. 있는 그대로 말한 거잖아."

오히려 당당해 보이는 당신의 태도 때문에 마음에 상처가 날 때도 잦다. 나를 전혀 이해하지 못하는 말투와 본인의 말이 상대방을 흉지게 할 수 있다는 걸 모르는 듯한 태도. 억울한 마음을 호소하고 눈물을 흘리다 보면 나의 마음은 점점 닫혀간다.

사이가 좋을 땐 당신을 향한 내 마음의 문이 활짝 열려 있지만, 다툴 땐 창살이 가득한 문으로 바뀌어 단단히 닫혀 버린다. 당신은 눈물 흘리는 나를 보며 안절부절못한다. 손을 뻗어 나의 마음에 들어오려고 한다. 하지만 당신은 창살에 손이 긁히고 베이고 만다. 그렇게 나도, 당신도 마음이 상한 채 대화가 끝난다.

각자 집에 돌아가 옷을 갈아입는데 당신에게 전화가 왔다.

"잘 들어갔어? 아까 속상했지. 내가 미안해."

또 나만 나쁜 사람이 됐다. 서운해 하는 것도, 마음의 문을 닫아 버린 것도, 당신에게 결국 사과를 받는 것도. 당신은 상처가 나고 피가 나도 나를 안아 주려고 하는데, 나는 그저 내가 상처받았다는 것에 혈안이 되어 당신을 원망한다. 당신의 사과를 대충 받고선 뚱한 목소리로 통화를 이어간다. 나의 기분을 눈치챈 당신은 애틋한 목소리로 오늘 우리가 갔던 카페 사장님의 이야기, 집에 돌아가는 길에 만난 고양이, 다음에 가고 싶은 밥집에 관해 이야기한다. 당신도 애써 기분 좋은 척 하는 거겠지.

 속으로는 미안한 마음이 올라오지만, 자존심이 뭐길래. "응, 응." 대답만 한다. 당신은 계속해서 내게 속상했냐며 앞으로 더 잘하겠다는 말을 건넨다. 가끔 보면 나는 악마, 당신은 천사 같다. 그래서 괴롭고, 그래서 고맙다. 그렇게 다시 내 마음의 문에 있는 창살은 떨어지고, 마음의 문은 스르르 열리기 시작한다.

사랑은 죽도록 미워하다가도

우리가 사랑한 지 일 년이 지났어. 서로 얼굴만 봐도 어떤 기분인지 알고, 표정이 조금만 바뀌어도 무슨 생각을 하는지 읽을 수 있을 만큼 가까워졌어.

그런데 우리는 여전히 서로를 이해하지 못할 때가 많아. 나는 세심한 대신 사사로운 것에 신경 쓰느라 지칠 때가 많고, 당신은 대범한 대신 무심할 때가 많아. 당신을 더 자세히 알아서 이해하고 싶은 나와 내 모습을 그저 그대로 받아들이며 이해하려는 당신. 우리가 원하는 지향점은 같은데 방법이 달라서 자주 부딪히곤 하지.

부딪힐 때마다 지치는 건 사실이야. 당신도, 나도 시뻘게진 눈으로 서로를 노려보고 모진 말을 내뱉다 보면 둘 다 상처 받은 표정으로 앉아 있어. 포기하고 싶은 마음이 들 때도 있지. 너무 아플 때가 많잖아, 그치. 그럼에도 우리는 다시 서로를 이해하고자 애써. 어떤 감정이 들었는지, 뭐가 기분이 나빴는지, 앞으로 어떻게 이 갈등을 헤쳐 나가야 하는지 고민하고 이야기를 나눠.

그러다 보면 미안한 마음이 마구 올라와. 당신이 쏘아 내 마음에 박힌 화살도 아프지만, 당신 마음에 내가 꽂은 칼을 빼는 게 더 중요해. 미안하다는 말을 계속해서 내뱉어. 그럼 당신은 내가 이렇게까지 힘들었는지 몰라줘서 미안하다며 나를 꼭 안아주곤 하지. 그러면 우린 다시 서로를 애틋한 눈빛으로 바라봐. 화해를 한 거겠지.

남들은 우리를 보고 왜 이렇게 다투냐고 할지도 몰라. 사이좋게 좀 지내라고 할 수도 있겠지. 그런데 사랑은 말이야. 사랑마다 모양도 다르고, 사랑에 대한 생각도 다양하고, 사랑을 하면서 추구하는 가치도 제각각이라 정의를 내리기 참 어려워.

우리의 사랑은 죽도록 미워하다가도 결국 그 과정을 통해 서로를 더 이해하고 마음을 나누는 게 아닐까 싶어. 그러니 우리 너무 겁먹지 말고 사랑하자. 그리고 우리랑 다른 모양의 사랑을 하는 사람들을 수용해 주자. 함께 점점 더 넓은 사람이 되어보자.

당신의 영원한 존재가 된다고
약속했으니까

당신을 향해 걷고 있다. 어쩌면 너무 흔한 말이지만 당신을 향해 걷는 중이다. 크리스마스이브에 우리는 평생을 약속했다. 당신은 나에게 청혼했고, 나는 그런 당신의 뜻을 받아들였다. 그리고 앞으로 우리는 영원히 사랑할 것이라고 약속했다. 누군가에게 영원한 존재가 된다는 건 정말 신비로운 일이다. 나조차도 나의 앞날을 알 수 없지만, 사랑이라는 이유로 상대방에게 모든 앞날을 건다는 것만큼 바보 같은 일도 없다. 그럼에도 나는 당신에게, 당신은 나에게 앞으로의 모든 날이 되어주기로 약속했다.

당신을 향해 걷는 길은 생각보다 어렵다. 길 중간 중간 박힌 돌부리에 넘어지기도, 넘어지는 바람에 다치기도 한다. 때로는 안개가 가득 껴 당신의 모습이 희미해지기도 한다. 그럴 때면 내가 제대로 가고 있는지 의문이 든다. 분명 당신을 바라보며 최선을 다해 가고 있는데 내가 가고 있는 길은 험하기 짝이 없다. 어느 날은 궂은 날씨 탓에 걸을 수조차 없을 때도 있다. 하지만 저 멀리서 나를 부르는 당신의 소리를 들으며 한 발짝을 힘겹게 내디딘다.

그러다 또 어느 날은 날씨가 화창하다. 노래를 흥얼거리며 그 길을 걸어간다. 당신과 점점 가까워진 탓일까. 행복하기 그지없다. 발걸음이 가볍다. 지나가다 발견한 꽃한테 말도 걸고, 하늘에 둥둥 떠 있는 구름을 보며 우리가 함께하는 시간을 상상하기도 한다. 햇살이 내 머리 위로 비치면 마치 내가 이 세상의 주인공이 된 기분이 든다. 당신과 함께할 모든 나날들을 생각한다.

모든 희로애락을 겪으면서 내가 멈추지 않는 이유는 결국 당신 때문이다. 당신을 사랑하니까. 당신에게 평생을 함께 하자고 이야기했으니까. 당신의 영원한 존재가 된다고 약속했으니까 말이다. 그리고 반대로도 마찬가지다. 당신도 나의 모든 인생을 같이 보내기로 서약했으니까. 알고 보니 당신도 나를 향해 걷고 있는 중은 아닐까. 그렇게 중간에서

만나 우리는 각자 걸어온 길을 수고했다고 이야기
해 주지는 않을까. 서로를 꽉 껴안으며 사랑한다고
말하진 않을까.

 오늘도 나는 걷는다. 당신을 향해서.

사랑은 수많은 노력이
필요하다

사랑한다면서 왜 미워하는 걸까.

사이가 좋을 때는 상대방이 한없이 좋아 보여. 그
사람의 표정과 말투, 나를 대하는 태도, 장난치는
모습까지 모두 사랑스러워 보이지. 실수를 조금 해
도 그럴 수 있지라는 마음으로 충분히 수용하는 여
유까지 보이기도 하고 말이야. 세상을 다 가진 듯
행복한 마음이 들고 그 사람을 위해 무엇이라도 다
바칠 수 있을 거란 생각이 들어.

하지만 다투기라도 하면, 그 사람이 나의 마음에 작은 상처라도 입히기라도 하면 도무지 감당할 수 없는 미움이 찾아와. 대체 왜 그랬어. 왜 나에게 상처를 줬어. 적어도 네가 나한테 이러면 안 되지. 수없이 쏟아내고 비난하는 말들이 나오는 거야. 그게 건강한걸까. 전혀 그렇지 않다고 생각해. 그건 정말 미움이니까. 원망의 마음을 사랑하는 이에게 쏟아 내는 것이니까 말이야.

그럼 이제 나는 어떻게 해야 하는 걸까. 자신이 없어. 내 마음이 흑백으로 변하면 거기엔 좌절과 상처만 넘쳐날 뿐, 여유나 자비 같은 마음은 전혀 없거든. 그 사람에게 먼저 다가가 미안하다는 말을 한다거나 아니면 적어도 상처되는 말을 삼키거나 해야 하는데 말이야.

그래도 믿는 건 사랑은 노력이니까, 노력하면 된다고 생각해. 적어도 소리 지르지 않기. 화내지 않기. 미운 마음에 쌓인 말 내뱉지 않기. 내가 사랑하는 사람한테 악에 받쳐 상처 주지 않기. 적다 보니 많아지네.

어렸을 땐 사랑이 저절로 되는 줄 알았어. 그런데 어른이 되고 보니 사랑은 수많은 노력을 동반한다는 걸 깨닫게 되었어. 그냥 되는 게 하나도 없는 거지. 그러다 보면 포기하고 싶은 마음도 들어. 내가 할 수 있을까. 종종 하기 싫은 마음도 있지. 그런데 말이야. 해 보려고. 나는 사랑을 이루는 게 꿈이거든. 완전한 사랑, 그런 건 못하겠지만 적어도 지키는 사랑은 해야 될테니까.

 그러니까 당신도 포기하지 말아줘. 같이 이루자. 같이 지키자. 사랑.

다짐

다퉜다. 작은 문제였는데 결국 크게 다투고 말았다. 잘 해주고 싶다. 하지만 종종 내 생각을 해주지 않는다고 느낄 때 마음이 뭉개지는 기분이 든다. 남편도 마찬가지겠지. 안아 줬어야 했는데 오히려 아프게 했다. 나는 그릇이 작은 사람인가보다. 남들한텐 그렇게 잘 웃으면서, 많은 걸 이해하면서 그에겐 왜 이렇게 관대하지 못한 걸까. 그에게 더 이해받고 싶은 마음이 들어서 그러는 걸까.

화해를 했다. 미안하다는 말을 건넸다. 아프게 해서 미안했다. 누군가를, 특히 내가 사랑하는 이를 아프게 하는 것만큼 죄책감이 드는 일도 없다. 더 잘 해 줘야겠다. 더 아껴줘야겠다. 답답할 때가 있어도 이해하고 품어주려고 애써야겠다. 오늘은 마치 고해성사를 하듯 내 마음을 적어본다. 누군가를 아프게 하는 건 나도 같이 아픈 일이다. 그러니 최대한 하지 않는 게 좋다는 생각이 든다.

아프게 하지 않기. 더 이해하기. 더 사랑하기.

항상 함께하기로 했잖아

언제나 곁에 있을 줄 알았던 존재가 떠나갈 때 어떤 말로도 형용할 수 없는 슬픔이 찾아온다. 분명 우리는 늘 함께 할 줄 알았는데 더 이상 그럴 수 없다는 사실에 마음이 무너지는 건 당연하다. 슬픔은 결국 나를 무너뜨리고 내가 살아갈 세상을 흑백으로 만들어 버린다. 손을 뻗어도 닿지 않는 당신과 아무리 불러도 대답 없는 목소리는 우리가 더 이상 만날 수 없음을 뼛속까지 느끼게 한다. 혹여라도 다음 생이 있다면, 혹여라도 시간을 돌이킬 수 있다면 못 했던 이야기를 가득 담아 전하고 싶다, 당신을 꽉 껴안으면서.

이별

당신을 잃고 집에 돌아왔어. 항상 함께 걷던 길을 혼자 걸어오니 쓸쓸하기 그지없더라. 하염없이 눈물만 흘렸던 날이었지. 그때는 내가 발 디딜 곳 하나 없어서 제대로 서 있을 수 조차도 없었어. 나를 둘러싼 세상이 무너진 것 같았어. 창문을 통해서 바깥세상을 보면 변한 게 하나도 없었는데 말이야. 우리가 자주 가던 카페도 그대로고, 봄에 사진을 찍었던 벚나무도 그대로였어. 휴대 전화 속 함께 주고받았던 수백 개의 메시지가 그대로였는데. 변한 건 그저 우리 사이와 당신의 마음뿐이었지. 이제는 더 이상 어떻게 해야 할지, 어디로 가야 할지, 누구를 찾아야 할지 잘 모르겠어. 그저 버티고 있어. 그저 버티고 버티면서 괜찮아지기를 기다릴 뿐이었어.

슬픔의 밀물

요즘 이상하게 슬픈 이야기를 보면 바로 눈물이 난다. 나의 이야기도 아닌데 말이다. 누군가가 나를 보면 감수성이 풍부하다고 말할 수 있지만 딱히 그런 것 같지도 않다. 그냥, 그저, 내 마음 안에 슬픔이 가득 차 있는 시기라고 생각한다. 바다에 밀물과 썰물이 있듯이 감정에도 밀물과 썰물이 있다고 생각한다. 지금은 슬픈 감정의 밀물 시기다.

슬픈 감정에는 어떤 감정들이 있을까. 우울, 그리움, 동정, 후회, 미련, 아픔 같은 게 있겠지. 이 감정 중 내가 가지고 있는 감정은 무엇일까 생각해 보면 전부 다인 것 같다. 십 년이라는 시간 동안 동고동락한 사람, 아니 친구가 있다. 나의 가정사까지 공유할 만큼 가까운 사이였다. 직장을 같이 다녔을 때 힘든 일을 같이 겪기도 했기에 우리 둘은 깊었다. 아픈 날이면 아프다고 말할 수 있었고, 슬픈 날이면 너를 위해 기도해 준다는 말을 서슴없이 건넸다. 하지만 난 그 친구, 아니 그 사람과 이별했다.

연인이 아닌 사람과 이별한다는 말 자체가 이상하게 들리겠지만 나는 정말 그 사람과 이별했다. 더 이상 서로가 서로에게 소중한 존재가 아닌 원망의 대상이 되었다. 상대방을 위하는 마음 대신 비난하는 마음이 쏟아졌고, 너를 위해 기도한다는 말 대신 너는 나에게 신경 쓸 필요가 없는 존재라는 말을 서슴없이 내뱉는 사이가 되었다.

아팠다.

이별은 싫은데. 너무너무 아팠다. 마치 사랑하던 연인을 잃은 그날처럼 마음이 무너진다. 어쩌다 이렇게 됐을까. 너와 나는, 그러니까 우리는 하나의 행성과 또 다른 하나의 행성이 만나 이룬 우주 같았는데. 왜 우리는 서로에게 블랙홀이 되어버리고만 걸까. 이제는 돌이킬 수도 없는 이 상황이 원망스럽다. 나중에는 후회하게 될까 두렵다. 꿈에 나와 아무렇지도 않게 말을 거는 너를 보다가 잠에서 깨면 당황스럽기 그지없다.

시절인연.

우린 그저 그 정도의 관계밖에 되지 않았나 보다. 잠시 서로에 곁에 있었을 뿐, 할머니가 되어서도 아이스 초코나 먹자는 나의 말은 그저 땅바닥에 박힌 쓸모없는 말이 되었나 보다. 내가 너를 위해 다 했던 정성 그리고 네가 나를 위해 건넸던 위로는 모두 썰물이 되어 흘러가나보다. 그렇게 애정도 눈물도 다정도 없이 마른 바닥이 되어가고 있나 보다.

연락을 기다리던 날

한때는 그런 적이 있었다. 어떤 이에게 마음이 생겨 하루 종일 연락을 기다리던 날. 알림이 울리기라도 하면 혹여나 그가 보낸 메시지일까 설레는 마음으로 전화기를 든 적이 있다.

또 한때는 그런 적도 있었다. "사랑해요."라는 네 글자를 보내고 쑥스러워 전화기를 엎어 두던 날. 뭐라고 답장이 올지 상상하며 두근거리는 가슴을 붙잡고 내내 얼굴이 붉어져 있었다.

그리고 한때는 그런 날도 있었다. 이별하고 집에 돌아가는 길에 사랑했던 사람에게 연락이 오지 않을까 하고 전화기를 손에서 놓지 못했던 날. 다음 날 출근해야 했음에도 밤새 잠을 지새우고 기다렸다.

다 같은 기다림에도 불구하고 이유가 달랐고 기다림의 종류가 달랐다. 그 기다림이 주는 감정은 다양했다. 결론도 달랐다. 하지만 하나 같은 것은 난 그 모든 기다림을 사랑했다. 그때로 돌아가 기다려야 한다고 묻는다면 그러겠다고 말할 만큼 말이다.

세상에서 제일 아름다운 편지

너에게 세상에서 제일 아름다운 편지를 쓰고 싶다
는 생각이 들었어. 가끔 책에 보면 상대방을 너무
사랑해서 어떤 말을 적어야 할지 모르겠다는 말이
이해돼. 매일이 아니라 매시간 널 생각해. 나를 힘
들게 해도, 나를 웃게 해도, 너 때문에 불안해도 늘
너를 생각하는 게 나더라고.

우린 어제 결혼에 대해 진지하게 이야기를 나눴어. 따뜻한 4월이나 선선한 10월에 결혼하기로 했지. 신혼집은 어디로 할까 구체적인 이야기도 나눴어. 근데 자꾸 네가 웃는 거야. 왜 자꾸 웃냐니까 내 광대가 한껏 올라갔대. 티 났어? 사실 나 너무 행복해. 늘 결혼을 꿈꾸던 나였지만, 항상 불안감 속에 살아온 터라 결혼은 나에게 어쩌면 불가능한 일이라는 생각이 들었던 적이 많아. 그런데 나에게 최고의 불안감을 선사했던 네가 결국 나에게 모든 신뢰를 얻어내고 결혼에 관해 이야기하다니. 정말 꿈 같은 일이야.

내가 울고 자학할 때 너는 결코 나를 혼자 두지 않았어. 안아 준다던지, 손을 꽉 붙잡아 줬어. 그리고 오늘은 그런 말을 하더라. 모든 걸 다 네 탓해도 괜찮으니 행복해지자고. 내가 안정적인 게 제일 중요하다면서 말이야. 눈물이 맺혔어. 너의 진심이 느껴졌거든.

우리 이제 정말 잘 살아 보자. 다투더라도 상처는 그만 주고, 미워하더라도 금세 마음을 돌이키자. 힘든 날엔 말없이 꽉 안아 주고, 상대방이 지치는 날엔 재롱 피우며 웃음을 주자. 투덕거려도 잠은 꼭 같이 자고, 너무 오랫동안 상대방을 혼자 두지 말자. 가끔은 슬프면 슬프다고 티도 내고, 기분 좋은 날엔 네 노래에 맞춰 춤을 추자.

네가 내 곁에 온 게 부디 신의 뜻이길 매일 기도하며 잠에 들어. 오늘도 사랑해.

계절

봄

매일 아이들과 함께 산책을 간다. 3월이 지나 4월이 다가오자 날씨가 따뜻해졌다 쌀쌀해졌다를 반복한다. 두꺼운 패딩보다는 얇은 자켓을 걸치는 게 어울리는 시기다. 넓은 공원에 앙상하게 서있던 나무들이 줄지어 있어서 칙칙한 갈색으로 칠해져 있던 세상이 초록색, 노란색, 하얀색, 분홍색으로 채워지기 시작한다.

아이들은 알록달록해진 풍경을 두 눈 동그랗게 뜨며 바라보고 가까이 다가가 향기를 맡는다. 바닥에 떨어진 작은 벚꽃잎 하나를 잡으며 각자만의 방식으로 봄을 담아낸다.

봄은 우리에게 설렘을 준다. 차갑기만 했던 겨울바람 대신 따사로운 햇볕을 비추는 바람, 무채색의 세상을 다채롭게 꾸며 내는 꽃, 여러 가지 향기가 섞여도 이상하지 않은 오히려 아름다운 향기를 뿜으며.

삶도 그런 것 같다. 절대 피어나지 않을 것만 같던 가지에 새싹이 자라고 나뭇잎이 피어나는 시기. 곁에 아무도 없이 혼자서 외롭게 매서운 바람을 맞이하다가 누군가가 다가와 햇볕을 쬐어 주면 내 안에 숨어있던 것을 꺼내 한 송이의 꽃을 피어내는 날이 온다.

기복

오늘 아침에 산책을 하는데 비가 조금씩 내렸다가 그치기를 반복했다. 마치 요즘 내 삶의 모습 같았다. 기분이 좋았다가, 갑자기 눈물이 났다가, 언제 그랬냐는 듯 멍해지기를 반복하는 것처럼. 딱히 지칠 일은 없었다. 누군가가 나를 해하지도 않았다. 다만 수만 가지 생각에 휩싸여 몸과 마음이 지쳐버렸다.

가끔은 글 적는 것도 힘이 들 때가 있다. 어떤 글을 써야 할지조차도 모르겠을 때, 어떻게 사람을 위로해야 할지조차도 모르겠을 때, 아니 나조차도 위로받아야 하는 입장일 때. 먹구름이 잔뜩 낀 하늘을 바라보는 것과 비슷한 기분이 든다. 비가 추적추적 내려 마음이 뿌옇게 변한 것만 같은 기분. 그래도 다시 힘을 내서 한 문장, 한 문장 차분히 적어 가다 보면 구름이 개고 푸른 하늘이 보인다.

포기하지 말자. 끝까지 힘내 보자. 넘어져도 일어나서 다시 걸어가 보자.

장마

이번 주부터 장마가 시작된다고 해서 잔뜩 긴장하고 있었어. 비가 많이 오면 운전할 때도 신경 써야 해. 옷이랑 신발도 젖으니까 평소보다 더 고민하고 입어야 하거든. 작년에 사 놓고 몇 번 못 신은 장화도 꺼내고, 우산도 종류별로 준비해 뒀어. 그런데 생각보다 비가 많이 안 오더라. 이번 주 초반에는 장마가 시작되는 게 맞구나 싶었는데, 어제랑 오늘은 오히려 바람이 선선히 불면서 하늘이 맑은 거야. 오히려 비가 오지 않고 시원하니까 좋더라.

우리가 사는 인생도 그런 것 같아. 어떤 무거운 문제를 준비할 때 말이야. 예를 들어, 당장 회사에서 급하게 발표를 해야 한다거나 연인에게 못했던 이야기를 고백해야 할 때. 친구에게 서운한 걸 털어놓아야 한다거나. 중요한 평가 결과를 기다린다거나 몇 년을 준비한 시험을 본다거나 그런 일들 있잖아. 온몸에 힘이 들어가도록 긴장한 상태로 만반의 준비를 하는 거지. 미리 대비할 수 있는 상황은 계획을 다 세워 놓고 기다리는 거지. 하지만 막상 긴장한 그 순간이 다가왔을 때 생각보다 수월한 거야. 때로는 다른 상황이 펼쳐져서 오히려 좋은 일이 생길 수도 있는 거지.

그러니까 너무 긴장하지 말라는 거야. 한숨 돌리면서 마음의 여유도 갖고, 혹시 찾아올지 모를 좋은 일도 한 번쯤 상상해 보는 거지. 너무 비현실적이라고? 그렇게 생각할 수도 있어. 그래도 이왕 겪는 거 무겁고 두려운 마음보다 가볍고 즐거운 마음으로 감당하는 게 좋잖아. 그러니 우리 차분하게 뭐든 해내 보자.

숲이 좋다. 하늘과 닿을 듯이 솟아 있는 산과 초록색 나무들이 무성히 펼쳐진 곳. 마음이 시끄러울 때면 숲을 찾는다. 아무것도 하지 않고 그저 바라보기만 해도 차분해지는 나의 쉼터. 요즘 유독 숲으로 떠나고 싶은 날이 많아진다. 내 마음을 괴롭히는 것들에서 벗어나고 싶다.

당신도 그런 날이 있을까?

처서

오늘은 처서야. 푸릇푸릇한 여름이 끝나면 선선한 바람이 우리 마음을 스쳐 지나갈 거야. 그러면 많은 생각이 들겠지. 잊고 있었던 사람도 괜스레 생각날 거고, 괜찮다 여겼던 일도 문득 떠오르며 뒤숭숭해질 수 있어. 이루지 못했던 꿈이 아련해지고, 지난날 내 모습이 그리울 수도 있지. 그래도 말야. 그 바람 때문에 우리는 더웠던 여름날의 기억을 다시금 소중하게 간직할 수 있을 거야. 그리고 앞으로 펼쳐질 남은 한 해를 기대하게 될 거라 믿어.

다분히 다가올 기쁨

끝나지 않을 것 같은 여름은 지나고 가을이 왔다. 하루 종일 꽤 쌀쌀한 바람에 구름 하나 없는 하늘을 느끼고 있으면 별다른 욕심이 없어진다. 그저 나무와 풀, 조금씩 피어나는 꽃 그리고 구름과 하늘. 그걸로 충분하다는 생각이 든다. 삶도 그렇다. 언제 끝나나 싶은 일은 분명히 끝나고 지나간다. 고개를 들고 다시 주변을 보면 꽤 좋은 풍경이 펼쳐져 있다. 다분히 다가올 기쁨을 잊지 말자.

그의 다정함

기관지가 약한 내가 어느 순간부터 기침이 심해진 시기가 있다. 특히 잠을 잘 때면 공기가 건조한지 기침하느라 잠을 못 잔 적도 있다. 자다가 깨 밤을 지새운 적도 있었다. 그런 나를 보고 언니가 가습기를 줬다. 매일 가습기를 틀고 자니 다행히 기침이 줄었다. 어느 날은 퇴근 후 너무 피곤해서 가습기를 잊고 잔 적이 있다. 일찍 잠든 탓에 새벽에 자다 눈을 떴는데 남편이 가습기를 살며시 내 옆으로 옮겨 주는 모습을 보았다. 눈도 제대로 뜨지 못한 채 바라보는 그의 모습은 그 어느 때보다 내 마음에 선명하게 남겨졌다. 그의 다정함은 나의 기관지는 물론 마음마저 촉촉하게 만들어줬다.

부서질 건
언젠간 곧 부서질 거라면서

오늘 종일 옷방을 치웠다. 입을 옷은 없는데 가지
고 있는 옷은 왜 이렇게 많은지. 남편의 바지를 하
나씩 접어 쌓았다. 그리고 그 옆에 나의 바지를 쌓
았다. 서랍을 잘못 배치해서 바지를 넣고 꺼내기가
어려웠다. 배치를 다시 하는 과정에서 나무 서랍
하나가 부러지고 말았다. 좌절했지만 그는 괜찮다
고 했다. 어차피 부서질 거 언젠간 곧 부서질 거라
면서.

그다음에는 겨울 외투를 간이 옷걸이에 걸었다. 작고 짧은 옷걸이. 그 위에 경량 패딩, 코트, 두꺼운 패딩까지 무거운 옷을 잔뜩 걸었다. 무너질 걸 알면서도 두근거리며 걸었다. 옷이 너무 많아서 걸 곳이 없었기 때문이다. 다행히 옷걸이는 잘 버텨 주었다. 이제 새로운 자리만 찾으면 끝이었다. 뒤 집어 놓은 방 안을 모두 정리하고 옷걸이를 옮겼는데. 웬일. 옷걸이에 금이 갔다. 결국 예측대로 버티지 못한 것이다. 그의 눈치가 보였다. 닿는 곳마다 부서지기 마련이라서. 하필 오늘은 마음도 부서질 일이 생겨서 더 속상했다. 그런데 그는 또 괜찮다고 말해 준다. 쓰다가 망가지면 다시 사면 된다고.

이 사람 가끔 보면 참 마음이 넓다. 다툴 때는 그렇게 쪼잔하기 짝이 없는데. 도토리만 한 마음을 가지고 있는 나보다 두 배, 세 배는 더 넓은 것 같다. 나도 그런 마음을 품고 싶다. 넓고 편안하고 푸근한 마음.

떠나려면 떠났겠지

남편과 카페를 다녀오고 나서 그림을 그리려고 아이패드를 꺼냈다. 예전에 비밀번호를 한창 바꿨던 때가 있었다. 혹여나 남편이 내 걸 보지 않을까 하는 농담 섞인 장난 때문에. 그러다 결국 비밀번호를 까먹고 초기화를 시키고 말았다. 초기화된 아이패드 속에는 여태 내가 그렸던 그림들이 다 날아가 버리고 텅텅 비어 있었다. 왜 괜히 번호를 바꿨는지 후회하려다 '떠나려니 떠났겠지.' 생각했다.

그러다 나도 모르게 잠이 들었다. 꿈속에서는 마음을 거의 다 나눌 정도로 친했던 지인이 나왔다. 언제나 연락해도 어색하지 않았던 사이였기에 꿈속에서도 늘 그랬듯 자연스럽게 이야기를 나눴다. 하지만 눈을 뜨고 알았다.

'아 맞다. 나 그 사람이랑 이제 멀어졌지.'

분명 자기 전까지 '떠나려니 떠났겠지.'라는 생각을 했었는데 막상 떠나 보낸 사람이 꿈속에 나오자 이상하게 마음이 시큰거렸다. 괜히 연락처를 한번 둘러보며 메시지 버튼을 누르려다 뒤로가기 버튼을 눌렀다. 속으로는 갑자기 원망의 마음이 들기 시작했다. 떠날 거면 애초에 가까워지지 말았어야 하는 건 아닌가, 왜 괜히 내 곁에서 진하게 향수를 남긴 채 떠나버린 거지라는 생각.

머릿속으로는 쿨하게 떠나보냈지만 마음으로는 품고 있었나 보다. 언제쯤 나는 떠나보내는 것에 대해 익숙해지려나.

우리들의 크리스마스

지난 크리스마스에 소원을 이루었다.

너를 사랑한 지 7개월 정도 지났을까. 한겨울만큼 외롭고 벽난로만큼 뜨거웠던 사랑을 나누었던 우리가 처음 맞는 크리스마스였다. 크리스마스 이브부터 우리의 파티는 시작되었다. 너를 억지로 졸라서 산 크리스마스 트리에 오너먼트를 하나씩 달았다. 반짝이는 전구도 달았다. 네가 그렇게 먹고 싶다는 에그 인 더 헬을 만들고, 딸기로 산타 얼굴 디저트도 만들었다. 동네 와인샵에서 추천해 준 와인도 한 병 샀다. 그렇게 꿈에 그리던 크리스마스를 함께 꾸몄다. 볼이 붉어질 정도로 취한 채 이야기를 나눴다. 새벽이 가까워지자 우리는 서로를 안은 채 따뜻하게 잠이 들었다.

재작년 크리스마스는 화이트 크리스마스였다. 아침부터 눈이 마구 흩날렸다. 나는 너를 깨우기 위해 얼굴을 쓰다듬었다. 잠에서 깬 우리는 하얗게 변한 세상을 같이 바라보았다. 대충 차려입은 채로 밖에 나와 길을 걸었다. 이제 막 내리기 시작한 탓에 눈을 밟는 족족 발자국이 선명하게 남았다. 너와 나의 추억도 이렇게 선명하게 남기를 바란다며 혼자 몰래 속으로 기도했다.

집에 돌아오는 길에 갑자기 너는 나에게 꽃집을 들르자고 했다. 엉뚱한 제안이었다. 그곳엔 너가 나 몰래 예약한 크리스마스 꽃다발과 미리 써놓은 편지가 있었다. 편지에는 우리가 처음 맞이하는 꿈 같은 크리스마스에 나와 함께 해주어 고맙다고, 평생을 함께 하자고 적혀 있었다. 그렇게 우리는 부부가 되어 올해 크리스마스를 기다리고 있다. 올해도 그때 같이 함께 행복하길 바라면서.

꿈

용기 내어 도전하고

아직 아침저녁으로 쌀쌀한 5월 중순, 퇴근하고 간만에 종종 걸음으로 길을 나섰다. 집에 가는 사람들, 저녁 약속 가는 사람들, 이제서야 출근하는 사람들 중 설렘을 안고 가는 사람이 있다.

"어디 가?"

친구의 메시지를 받았다. 늘 앞으로 뭐하고 살지, 어떻게 사는 게 좋을지 인생에 대해 고민을 나누는 친구에게 말했다. "나 오늘 글쓰기 수업 가." 왠지 모를 뿌듯함에 가득 찬 말투로 답했다. 내 이야기를 들은 친구는 자세한 내용을 궁금해하며 연신 나에게 멋지다는 말을 건넸다.

생각해보면 예전에는 참 어려웠다. 무언갈 도전하는 것, 해야할 일을 내려놓고 하고 싶은 걸 하는 것. 내가 책임져야 하는 것들을 포기하는 게 철없는 행동 같았다.

그런데 용기를 내어 선택하자 많은 게 생각보다 쉬웠다. 그리고 기대한 만큼 행복하다. 누군가 고민하고 있다면, 혹여나 무책임한 이가 될까 두렵다면 응원해 주고 싶다. 적극적으로 지지해 주고 싶다. 생각보다 우리네 삶은 길고 쉽게 무너지지 않는다고. 그러니 같이 작은 용기를 내 보자고 말이다. 그래서 작은 용기가 주는 행복을 같이 느낄 수 있으면 좋겠다.

나의 친구

현실 속에 살다 보면 글쓰기와 멀어질 때가 있다. 특히 요란하고 복잡한 환경 속에서는 더욱 그렇다. 그럴 때는 피곤하더라도 어떻게든 고요하게 혼자만의 시간이 될 때까지 기다린다. 해야 할 일들을 하나씩 하다 보면 그 순간은 무조건 오기 마련이니까. 차분한 시간이 다가오면 그저 글에 집중한다. 오늘 하루가 어땠는지, 누구를 만났는지, 내가 어떤 말을 했는지도 중요하지만 그저 나 자신과 글이 만나는 순간도 중요하기 때문이다.

참 신기하다. 매일 같이 글을 쓰다 보니 이제는 나를 표현하는 수단이 아니라 글을 만나러 온 기분이랄까. 글에게 위로받고 글에게 차분함을 얻는다. 글을 쓰는 게 힘든 순간도 분명 있지만 지금 이 순간만큼은 글에게 위로받는다. 글은 나를 해하지도, 나를 밀어 내지도 않으니까.

그저 내가 말하는 순간을 받아들이고 내가 표현하고자 하는 걸 이해해 주는 기분이 든다. 이 정도면 글과 꽤 친해졌단 뜻이려나. 앞으로도 글과 친해지고 싶다. 사람과는 깊게 가까워지는 게 무서운데 글과는 더 깊게, 더 진하게 알아 가고 싶다. 그래서 아무도 해치지 않는, 누구에게나 무해한 그리고 마음이 움직이는 그런 글. 그런 글을 쓰고 싶다.

꿈의 현실

꿈을 펼치는 게 이렇게 어려울 줄은 몰랐어. 내 나름 최선을 다해서 하고 있는데 눈에 보이는 성과는 거의 없어. 혹여나 돈이 목표여서일까. 매일 글을 쓰고 일주일에 서너번은 책을 꼭 읽어. 한 달에 몇 권씩 책을 꼭 보려고 노력하고 작가들의 글을 읽으면서 동향을 파악해. 그런데 왜 나는 제자리인 것 같을까. 여러 개의 공모전에 나의 글을 넣어 보고 글이 안 되면 다른 거라도 도전해보려고 하는데 답장이 오는 족족 거절 연락이야. 답장이 오면 다행, 심지어 답장을 보내주지 않는 곳도 수두룩해. '좌절하지 말자. 다시 해보는 거야. 멈추지 않고 가보는 거야.' 생각해. 하지만 자꾸만 머뭇거리게 돼. 이게 맞을까. 이러다가 굶어 죽는 건 아닐까. 먹고 살 순 있을까. 앞으로 가고 있기는 한 걸까. 사실은 멈춰 있는데 주변 풍경이 흘러가면서 나도 역동적으로 움직이고 있다고 생각하는 건 아닐까. 그런 생각을 해. 남의 위로도 이제는 전만큼 효과도 없어. 내가 일어나야 해. 내가 일어나서 움직여야 하는 거야. 그래야만 나아갈 수 있어. 그래야만 움직이고 앞으로 갈 수 있는 거야.

창작이 주는 기쁨과 고통

어제는 글을 쓰다 펑펑 울었다. 글 쓰는 게 너무 좋아서, 행복해서 시작했는데 어느 순간부터 내 목적은 돈을 향하고 있기 때문이다. 내가 좋아하는 글을 쓰려고 하는 게 아니라 남이 좋아하는 글을 써야 하는 압박감에 시달리기 시작한 지도 꽤 됐다. 글쓰기는 나에게 영롱한 바다 같다가도 때로는 나를 모래사장으로 밀어붙이는 큰 파도 같다. 이렇게 해야만 해. 이 정도도 못하면 의미가 없어. 더 열심히, 더 많이, 더 길게, 더 좋은 글을 써내야 한다고 말하는 것처럼 느껴질 때가 있다.

남편은 나보다 창작을 십 년이라는 시간을 먼저 시작했다. 분야는 다르지만 그는 나를 무작정 위로해 주지 않았다. 창작이 주는 기쁨과 고통을 동시에 알려주었다. 창작은 잘 하려고 하면 할수록 잘되지 않는 일이라고 했다. 좋은 글을 쓰고, 좋은 곡을 만들려고 마음먹는 순간 오히려 그날은 아무것도 이루어지지 않을 수 있다고 이야기해 주었다. 그럴 땐 힘을 조금 빼고 온전히 마음을 다해 사랑하라고 했다. 창작을, 글을, 나 자신을.

나 자신을 사랑하는 순간 내가 쓴 글을 사랑할 수 있게 될 것이고, 내가 쓴 글을 사랑하는 순간 글을 쓰는 나 자신을 아끼게 될 거라고 말하면서 말이다.

창작, 참 어렵다. 독창적으로 나의 것을 만들어 내는 게 어렵다. 그래서 괜히 투덜거리는 순간도 있다. 왜 잘 해야만 하는지 투정 부린다. 사실 아무도 나에게 글을 쓰라고 한 사람이 없는데. 그저 나의 선택인데도 말이다. 그때 글을 먼저 쓰기 시작한 선배 같은 분이 이야기해 준다.

축하한다고. 무슨 소리지. 나는 글 쓰기 힘들어서 투정을 부렸는데 말이다. 잘 쓰고 싶어서 불평이 나오는 순간 더 애쓰게 될 거라고. 머리를 부둥켜 안고 고통스러워하는 순간마저도 글을 사랑하는 순간이라며 말이다.

진짜 그렇겠지. 내가 지금 괴로워하는 것조차도
글을 사랑해서 그런 거겠지. 괜한 의심을 해 본다.
그런데 웃긴 게 나는 지금도 글을 쓰고 있다. 반짝
이는 눈으로 말이다.

진심을 담아내는 연습

창작을 어떻게 바라봐야 하는지에 관한 한 강연자의 영상을 봤다. 강연자는 창작에 의도가 들어가는 순간 의미가 왜곡된다고 했다. 나에게 중요한 말이었다. 요즘 의미가 왜곡되는 순간이 많기 때문이다. 잘 쓴 글이라고 인정받고 싶어서. 남에게 많이 읽히고 싶어서. 누군가에게 잘 보이고 싶어서. 돈을 벌고 싶어서 같은 이유가 있다.

한 번은 그런 적도 있다. 공모전에 글 두 편을 제출했는데, 한 편은 당선되기 위해 쓴 글이고 다른 한 편은 당시 감정에 진심을 다해서 쓴 글이었다. 다시 읽어봐도 전자의 글이 당선될 것 같았다. 깔끔하고 잘 쓴 글이었으니까. 하지만 나의 예상은 빗나갔다. 진심을 다해서 쓴 글이 당선되었다.

예전에는 진심을 다해서 쓰는 게 제일 쉬웠는데 이제는 점점 어려워진다. 감정을 쏟아냈다가 나의 글이 망가질까 두려워한다. 맞춤법이 틀릴까, 글이 지저분할까 봐 걱정한다. 의도를 비워 내고 진심을 담아내는 연습을 해야겠다. 진정한 의미가 담긴 글을 더 많이 쓰고 싶다. 그저 사람들에게 내 마음과 감정이 닿았으면 좋겠다.

사랑하는 노래

사랑하는 노래가 생겼다. 둥둥 탁, 둥둥 탁. 몇분의 몇 박자인지도 모르는 노래를 사랑하게 됐다. 보통 전주가 있는 노래지만 이 노래는 전주 없이 바로 아티스트의 목소리가 흘러나온다. 노래 들을 때 멜로디도 집중해서 듣고 각각의 악기가 어떻게 연주되는지, 어떤 내용의 가사인지 자세히 듣는 걸 좋아한다. 피아노와 일렉 기타, 베이스 기타, 드럼, 신디 사이저, 현악 그리고 아티스트의 목소리까지 하나도 불균형한 게 없다. 모든 게 자신의 자리에서 빛나는 소리를 낸다. 그런데 한 가지 소리만 튀는 게 아니라 모든 소리가 어우러진다. 원래도 노래 듣는 걸 좋아하지만 이 노래는 들으면 들을수록 가슴이 웅장해진다.

거기에 가사는 왜 이리 애틋할까. 곧 눈물이 터질 것 같은 감정이 든다. 과거의 나를, 용기를 가지고 살아가던 나 자신을 그저 치기 어린 마음이라고, 동심이라고 곡에서는 말한다. 그게 아닌데. 나는 최선을 다해서 초심을 지키려고 애쓰는 건데 누군가는 나를 한심하게 바라본다. 그래서 고민한다. 이렇게 살아가는 게 맞을까. 때로는 잘못 흘러가는 것 같아 다른 길을 기웃거려 본다. 하지만 결국 나는 다시 나로 돌아온다. 작아 보이는 나로, 과거에 많은 걸 시도했던 나로 말이다.

누군가는 과거에 머무는 게 어리석은 일이라고 한다. 끝없이 새로운 시간 속에서 성장하라고 이야기한다. 그렇지만 그때의 그 마음이 얼마나 소중하고 정성스러운지는 알 길이 없다. 과거의 나를 생각해보면 또한 그렇다. 글을 처음 쓰기 시작할 때 얼마나 소중하게 대했는지 기억이 생생하다. 아무도 읽어주지 않아도 내가 사랑하는 글을 쓰기로 마음먹었던 게 떠오른다. 글을 사랑하는 마음. 그때 그 마음에 머물고 싶다. 수많은 글을 써도, 유명한 사람이 되어도 그 마음에 멈춰 있고 싶다. 여전히 사랑하고 한결같이 사랑하고 심지어 사랑하는 마음이 더 커지면 좋겠다.

사랑하는 노래. 그리고 내가 사랑하는 글. 누군가의 마음을 울리는 것들. 참 소중하다.

지겨워질까 봐

어제 하루는 바쁘게 보낸다고 글을 쓰지 못했다. 하루 쉬니까 오늘 글 쓰는 게 괜히 낯설게 느껴진다. 나는 하나에 빠지기 시작하면 계속 파고드는 성격이다. 노래도 한 곡 반복 재생으로 계속해서 듣고, 영화도 본 영화를 다시 또 본다. 사람도 마찬가지다. 친하게 지내는 사람이 있으면 연락도 매일 하고 얼굴도 자주 보게 된다. 하지만 그러다가 멈추게 되는 순간이 있다. 그러면 뒤도 돌아보지 않는다. 이미 충분히 할 만큼 했으니까.

종종 글에게도 그런 순간이 생길까 두려운 마음이 든다. 내가 좋아서 시작한 글쓰기. 지금은 사랑한다고 말할 수 있는 글쓰기. 매일 연락하고 자주 보는 친구처럼 항상 생각하고 매일 글을 적어 본다. 어떻게 하면 더 잘 쓸 수 있을지, 진심을 전할 수 있을지 고민한다. 내가 쓴 글을 읽고 고치고, 새로운 글을 적는다. 그러다보면 더 와닿는 글을 적을 수 있을 거로 생각한다.

하지만 또 걱정되는 부분이 있다. 언젠간 글도 지겨워져 버리진 않을지. 다시는 뒤돌아보지 않는 순간이 오지 않을까 말이다. 그렇지만 우선 오늘의 나는 최선을 다해 글을 쓴다. 아끼고 애정하고 설레는 마음으로.

응원

소음

한없이 조용해지고 싶은 날이 있다. 주변에 시끄러운 소리로부터 도망치고 싶은 날. 아무도 만나지 않고 침대에 앉아 따뜻한 햇볕을 쬐고 싶은 날. 그렇게 애정하던 음악도 틀지 않고 가만히 있고 싶은 날. 수많은 소리로부터 멀어지고 싶은 날.

주변의 모든 소리를 차단하고 앉는다. 원하지 않았지만 들어야만 했던 소리로부터, 넘쳐나는 소음으로부터 벗어나게 된다. 아무런 소리 없이 있다 보면 마음이 평온해진다. 마치 세상 속에 나 혼자 있는 기분이 든다. 예전에는 혼자 있는 게 두려워 어떤 소리라도 달고 산 적이 있다. 이제는 혼자 있는 기분도 꽤 나에게 괜찮은 기분을 선사한다.

귀와 마음이 차분해지면 글을 쓴다. 그저 나의 숨소리만 들리던 공간에 타자 소리가 나기 시작한다. 그 소리가 좋다. 집중할 수 있는 시간이 나에게는 너무나도 소중하다. 그렇게 한 문장, 한 문장 조심스럽게 적어 내려가며 내가 애정하는 소리를 만들어 낸다.

비 오던 영국

영국 여행을 갔을 때였어. 분명 해가 쨍쨍했는데 갑자기 비가 오더라. 같이 간 언니랑 나는 우산도 없이 어쩌지 하면서 발 동동 구르고 있는데 주변을 살펴보니까 다들 그냥 비를 맞거나 모자를 쓰면서 아무렇지 않게 가는 거야. 한국에선 볼 수 없는 풍경이었던 거지. 그래서 우리도 그냥 비를 맞고 다녔어. 마음이 편하더라.

우리 인생도 그래. 갑자기 찾아오는 힘든 순간 때문에 어쩔 줄 모를 때가 있어. 그럴 때 주변을 자세히 보면 아무렇지 않게 버티며 살아가는 사람들이 대부분이야. 그러니 멈추지 말자. 계속 걸어가다 보면 비도 그치고, 해도 나올 거니까 비 맞으며 뛰던 그날처럼 같이 가보자, 우리.

한적함 속에 앉아 있다는 것

며칠 전 친구와 여행을 다녀왔다. 일과 사람에 치여 매일을 보내다가 기차에 올라타는 순간, 다른 세계로 향하는 기분이 들었다. 기차로 한 시간이면 가는 그곳에는 두리번거려도 사람이 거의 없을 만큼 한적한 시골이었다. 작은 천이 흐르는 곳 옆으로 나와 친구는 말없이 여름을 맞이하는 바람을 쐬며 걸었다. 그리고는 무인 책방에 가서 각자 좋아하는 책을 읽었다.

한적함 속에 앉아 있다는 건 참 행복한 일이다. 우리 너무 바쁜 삶 속에 살기 때문에 때로는 여유로움 속에 누워도 보고, 평온함 속에 기대도 보았으면 좋겠다. 그러다 보면 잊고 있었던 순간들이 생각날 것이다. 사랑하는 사람과 손을 잡고 커피를 마시러 갔던 날, 가족과 함께 침대에 누워 밤새도록 떠들던 날, 친구에게 고민을 터놓다가 울었던 날. 그리고 결국 그런 날들이 지금의 나를 만들어 줬다는 걸 느낄 수 있다.

그러니 너무 바쁘게만 살지 않아야겠다. 가끔은 훌쩍 떠나 버리기도 하고, 자연 속에 들어가서 아무 생각 없이 걷기도 해야겠다. 그러다 보면 또 좋은 순간이 쌓일 거다. 분명히.

유럽 여행

누군가가 나에게 지금껏 살아온 기억 중 가장 좋았던 것을 물으면 재작년 가을 떠났던 유럽 여행을 말할 것이다. 성격상 큰 욕심 없이 주어지는 것에 감사하며 살았기에 꼭 이루고 싶은 목표가 없었다. 그저 내가 사랑하는 사람들과 함께 시간을 보내고, 좋은 것을 보고, 맛있는 걸 먹으면 그걸로 족했다. 그런 나에게 저 반대편 유럽으로 떠나는 것은 꿈만 같은 일이었다. 영화 '알라딘'의 지니가 소원을 들어주는 것처럼.

일을 시작했을 때가 마침 코로나 기간과 겹쳐 주로 집에만 있었기에 돈을 모으기 좋았다. 내가 일하는 업계에서는 인정해 줄 만큼 경력도 쌓았다. 퇴사에 관한 고민도 많았지만 결국 일을 관두고 영국으로 떠나는 비행기표를 끊었다. 여행을 같이 가기로 한 언니와 소리를 지르며 기뻐했다. 내가 진짜 가는 건지 얼떨떨하고 신기했다.

한 달 반이라는 시간을 떠나기 위해 많은 준비를 했다. 우선 가고 싶은 나라를 정했다. 영국으로 시작해 네덜란드, 프랑스, 오스트리아, 스위스, 체코, 독일 총 7개 국가였다. 그리고 숙소와 가보고 싶은 곳을 계획하고 예약했다. 하루에 족히 8시간은 계획을 짜는데 시간을 썼다.

나름 최선의 준비를 마친 나는 캐리어 한 개와 배낭을 챙겨 비행기를 탔다. 12시간이 넘는 비행 시간은 힘들었지만 한국보다 시차가 느린 영국에서 마치 시간을 버는 기분이 들었다. 그곳에 사는 사람들은 여유가 넘쳤다. 대중교통 안에서 휴대 전화를 보는 사람이 거의 없었고 책을 보거나 창문을 보는 사람이 많았다. 공원에는 돗자리도 없이 잔디 위에 누워 낮잠을 자는 사람도 있었다. 벤치에 앉아 책을 보는 사람, 강아지와 산책하는 사람, 비가 내려도 우산 없이 걷는 사람. 나에겐 모두 영화 속 한 장면 같았다.

한국에서는 멍 때리는 게 시간 낭비처럼 느껴졌다. 바쁘게 살아야 잘 사는 거라는 생각이 들었다. 가만히 앉아 햇볕을 쬐는 건 사치라고 생각하면서도 침대에 누워 있기만 했다.

그런 나에게 이 여행이 마치 말을 거는 듯한 기분이었다. 삶에는 정답이 없으니 너무 두려워하지 말고 살아가라고. 자신을 몰아가다 보면 오히려 힘이 들 테니 여유를 가지라고. 그래서 나는 대답했다. 그렇게 살아볼 테니 응원해달라고 이야기했다.

한국에 돌아온 지 2년이 지난 지금, 나는 그 여행과의 약속을 나름 지키고 있다. 느긋하게 산책도 해보고 책을 많이 읽는다. 대중교통을 탈 때 휴대전화는 넣어 두고 사람과 풍경을 본다. 그리고 무엇보다 나 자신을 몰아가지 않고 든든하게 응원해주고 있다.

드넓고 넓은 우주 속에 별 하나

여유 있게 살기로 마음먹었다. 느긋하게 일어나서 커피 한 잔을 내리고 글을 쓴다. 새로운 하루가 펼쳐진다는 건 드넓고 넓은 우주 속에 별 하나가 생기는 것과 같다고 느껴진다. 삼만일 정도 되는 시간 중에 하루는 정말 작아 보인다. 하지만 그 하루를 어떻게 살아가느냐에 따라 빛나는 별이 될 수도, 광활한 하늘을 나는 별똥별이 될 수도, 어쩌면 빛나지 않는 별이 될 수도 있다. 사람들은 작은 것을 놓치는 경우가 많다. 그저 큰 걸 붙잡고 그게 전부라고 이야기한다.

 하지만 그렇지 않다. 작은 것도 분명 힘이 있다. 작아 보이는 하루, 그저 하루도 의미가 있다. 그러니까 오늘 하루도 잘살아 보라고 이야기하고 싶다. 잘사는 건 각자의 기준이 있다. 누군가는 성과를 만드는 것, 누군가는 산책을 하는 것, 누군가는 그저 살아가는 것. 그러니 여유를 가지고 오늘 하루도 각자만의 방식으로 빛나는 별이 되어보자.

시시콜콜한 이야기

몇 년 만에 대학 동기를 만났다. 우리는 서로 살아가는 이야기를 나눴다. 직장 상사는 어떻더라, 다른 동기는 대학원에 갔다더라, 이번에 누구는 결혼을 했다더라 그런 이야기. 예전에는 이런 이야기가 시시콜콜해서 싫다는 생각이 들었다. 창의적이고 정보를 얻는 이야기가 중요하다고 생각했다. 하지만 시간이 지나면 지날수록 시시콜콜한 이야기마저 소중하다는 생각이 든다. 그마저도 나에게 가치가 있다는 생각.

누구를 만나든, 어디서 만나든 사람 사는 이야기는 다 비슷하다. 누가 좀 잘나고 누가 좀 못나면 어떨까. 그래도 존재하는 것 자체가 중요한데. 가끔은 부정적인 이야기만 하는 사람이 꼭 있다. 그럴 수 있지. 그래도 이왕 사는 거 좋게 살면 어떨까 하는 생각도 든다. 살아 숨 쉬는 것조차 소중하니까.

그리고 응원해 주고 싶다. 힘내라고 어깨를 토닥여주고 싶다. 결국 사람은 혼자 사는 게 아니라 같이 살아가는 거니까. 네가 있어서 내가 있고, 내가 있어서 네가 있기에. 삶은 우리가 같이 만들어 가는 거니까.

은은한 색을 내는 사람

친구가 나의 분위기를 담은 꽃다발을 선물했다. 은은한 색상이 섞여 만들어진 꽃다발이었다. 하얀색과 노란색 그리고 은색까지. 나는 은은한 분위기를 가진 사람인가 보다. 이십 대 초반 때는 감정 기복도 심하고 불안정한 나였다. 하지만 어느 순간부터 차분함을 가졌다. 여러 가지 어려움을 겪고 나서 차분해지기도 했다. 가까운 사람과 멀어진 이후로 사람에 대한 애정을 떨어트리기도 했다. 사랑 때문에 아파서 아무도 믿지 않은 채 홀로 선 적도 많았다. 생각해 보면 나는 활기찬 분위기가 더 어울리는 사람이었다. 어느 순간부터 크게 호응하지도, 화내지도, 울지도 않는 사람이 되었다. 은은한 걸까 아니면 무미건조한 걸까. 무미건조한 사람은 되고 싶지 않다. 적어도 사는 동안에는 호응하고, 사랑하고, 사랑받으며 때로는 감정에 호소하는 사람이 되고 싶다. 하얀색과 노란색 그리고 은색의 색이 모두 빠져 모두 하얀색이 되어버리진 않았으면 좋겠다. 은은하게 색을 내는 사람이 되고 싶다. 색만큼 향기도 중요하다. 욕심이겠지만 색뿐만 아니라 향기도 은은하게 풍겨내는 사람이 되고 싶다. 그냥, 오늘은 이런 생각이 들었다. 그런 날이다.

매일 가는 카페

마음이 건강해지기 위해 시간이 필요한 적이 있다. 덕분에 다니던 회사를 그만두게 되었다. 프리랜서인 남편과 주부가 된 나는 하루를 시작하는 루틴이 생겼다. 모자를 대충 걸쳐 쓰고 카페에 가는 것이다. 집 바로 앞에 카페가 세 개나 있지만 우리는 굳이 15분이라는 시간을 걸어 한 카페로 향한다. 별 이유는 없다. 그저 걷고 싶어서. 걷다 보면 새로운 하루를 시작하는 기분이 든다. 어영부영 출근하는 때와는 다르게 바람을 쐬면 상쾌하게 오늘을 여는 느낌이 든다.

남편은 아이스 아메리카노를 마시고 나는 따뜻한 라테를 시킨다. 유럽 여행을 다녀오고 난 후부터 아이스보다 따뜻한 라테가 좋아졌다. 우리는 커피를 마시며 세상에 있는 다양한 주제를 가지고 이야기를 나눈다. 어느 날은 창작, 어느 날은 커피, 또 어느 날은 가족 이야기를 나누며 삶에 관해 풀어간다. 참 편안하다. 대화를 하도 많이 나눠서 주제가 없어질 법한데 여러 가지 이야기를 나누다 보면 연결 고리처럼 이야기가 이어진다.

대화를 하지 않는 날에는 서로 노트북을 가지고 각자 할 일을 한다. 남편과 나는 둘 다 창작을 하는 사람이다. 남편은 노래를 만들고, 나는 글을 쓴다. 함께 하는 공간 속에 각자만의 시간을 갖는다. 내가 참 좋아하는 시간이다. 함께 할 수 있어 좋고, 나만의 시간을 가질 수 있어서 좋다.

오늘도 남편과 노트북을 가지고 나와 앉아 있다. 오늘은 날이 우중충해서 나오고 싶지 않았는데 억지로 몸을 이끌고 나왔다. 마침 하얀 눈이 내린다. 흐린 하늘에 눈이 내려 세상이 점점 밝아지고 있다. 나오길 참 잘했다는 생각이 든다. 매일 같이 오는 이 카페가 오늘은 유독 포근하게 느껴진다.

아름다운 세상, 따뜻한 세계

연말에 한 공연을 보러 간 적 있다. 공연이 끝날 때쯤 아티스트는 관객들을 바라보며 "어지러운 사회 분위기임에도 불구하고, 곁에 있는 가족과 따뜻한 겨울 보내세요."라고 이야기했다. 당시 사회는 정말 어디에 장단을 맞춰야 할지 모르는 상황이었다. 편이 갈라지고 서로에게 삿대질을 해댔다. 누가 옳고, 누가 그른지 따지는 것에 혈안이 되어 있었다. 하지만 누구 하나 잘못하고 있는 거라고 말할 수 없었다. 각자 자신의 나라를 지키기 위해서였으니까. 나라가 없으면 국민도 없고, 국민이 없다는 건 우리가 제대로 존재할 수 없다는 것이니까.

어느 순간부터 따뜻함을 잃어버린 세계가 되고 있다. 선의를 베풀면 의심하고, 상대방을 위해서 내뱉은 말이 오해가 쌓여 오히려 저주로 돌아오는 경우가 태반이다. 진정한 사랑의 의미를 생각하기는커녕, 그저 자신이 상처받지 않을 만한 가벼운 사랑을 하기 바쁘다. 남이 잘되면 화를 내고, 남이 잘못되면 웃는 세상이 되어버린 것이다.

이런 세상 분위기를 바라볼 때 미간이 찌푸려지기 마련이다. 내가 만들고 싶은 세상은 앞서 말한 아티스트처럼 따뜻하고, 사랑하고, 서로를 위하는 세계기 때문이다. 누구는 미련하다고 말한다. 이제 그런 세계는 만들어질 수 없다며 한심한 듯 쳐다본다. 하지만 나는 믿는다. 그런 세계를, 그런 세상을 만들고 싶어 하는 사람들이 분명히 있다는 걸. 둥근 지구가 매일 자전하듯 우리의 네모난 마음도 빙빙 돌며 둥그레질 거로 생각한다.

혹시 아름다운 세상, 따뜻한 세계. 그런 걸 만들고 싶다는 마음이 들면 포기하지 않았으면 좋겠다. 그런 세상은 구성원 한 명, 한 명이 모여 형성되는 거니까. 그저 포기하고 손가락질하며 버틴다면 더 악한 세상이 될 뿐, 우리가 꿈꾸는 눈이 내리는 새하얀 세상은 만들 수가 없으니까 말이다. 그러니 우리 같이 만들어보자. 아름다운 세상, 따뜻한 세계.

따뜻한 세상을 만들고 싶어

대학생 때 아프리카 케냐에 간 적이 있습니다. 그곳에는 '스트릿 보이즈(street boys)'가 있어요. 부모 없이 길가에 사는 아이들이죠. 맞아요, 쉽게 말하면 버려진 고아입니다. 1인당 GDP 순위를 찾아봤을 때 스크롤을 한참 내려야 나오는 케냐는 우리가 살고 있는 나라와는 모습이 아주 다릅니다. 여전히 먹을 게 부족한 사람이 있고, 여전히 머물 집이 없는 사람이 수없이 많습니다. 우리가 버리려고 하는 '아프리카'에 대한 편견이 실제로 여전히 머무는 모습인 거죠.

삶을 영위하기가 어려운 이들은 중독으로 삶을 회피합니다. 스트릿 보이즈 중 본드에 중독되어 살아가고 아이를 낳는 경우도 있죠. 그렇게 태어나 버림받은 것도 그들입니다. 결국 삶의 희망 없이 그냥 살아가는 거죠. 도둑질도 하고 남을 괴롭히기도 합니다. 어떤 이는 본드에 잔뜩 중독되어 타인에게 관심 따위 없이 손에 본드만 쥐고 누워 있기도 해요.

대비되는 세계 속에서 동정의 눈빛을 가져야 할지, 경계의 눈빛을 가져야 할지 고민했습니다. 이들을 도와주러 왔는데 과연 도와줄 수 있는 게 있을까 싶었죠. 많은 봉사 활동이 그러하듯 우리도 이들에게 우선 의식주 중 두 가지를 도와주었어요. 옷과 밥을 제공하는 거죠. 그리고 실질적으로 살 수 있는 집 대신 기댈 수 있는 마음의 집을 지어 주었습니다. 눈을 마주치고, 꿈을 물어보고, 손을 잡는 거죠. 참 이상한 게 하루하루 지날수록 그들의 눈빛이 바뀐다는 거예요. 상실과 분노로 가득한 눈빛은 언제든지 누군가에게 기대고 꿈을 말할 수 있는 눈빛으로 변했어요.

이 일은 벌써 5년이 지난 이야기입니다. 하지만 저는 여전히 그들의 눈빛이 생생합니다. 그들에게 마음의 집을 지어 주고 와서일까요.

저는 타인이 보기에 평범하게 태어나 평범하게 살

아왔습니다. 부유하지도 않지만 큰 문제 없이 살아
온 사람으로 보였죠. 하지만 그건 그저 타인의 시
선이었습니다. 저도 결국엔 다양한 문제에 부딪혔
어요. 삶을 포기하려고도 했죠. 마치 길에 누워 본
드에 중독된 그들처럼 길을 잃었습니다. 저의 곁에
있는 사람들은 저를 동정해야 할지, 위로해야 할지
많이 고민했을 거예요. 스트릿 보이즈를 바라보는
저처럼 말이에요. 그런데 고민하던 사람들은 결국
저를 그저 기다려 주고, 안아 주고, 손을 잡아 주었
습니다. 시간이 꽤 걸리긴 했지만 저는 결국 일어
났죠.

 지금도 넘어져 있는 사람이 많을 거예요. 어떤 이
는 죽고 싶은 마음을 품으며 하루, 이틀 겨우 버티
고 있을 수도 있어요. 저는 말이죠. 그런 이들에게
위로와 사랑을 전하고 싶습니다. 마음의 집을 같이
짓는 거예요. 집이 무너져서 무섭다면 옆에 가만히
앉아 조금이라도 덜 두렵게 해주고 싶어요. 집이
없어 갈 길을 잃었다면 같이 살만한 집을 지어주고
싶고요. 집에 들어가기 싫으면 그 집을 잘 꾸며 오
래토록 잘 살 수 있게 돕고 싶어요. 그게 제 꿈입니
다.

 세상은 아파요. 삶은 고통이에요. 하지만 그래도
우리는 살아갑니다. 아니 살아가야 해요. 주어졌으
니까요. 제 꿈은 세상을 따뜻하게 만드는 거예요.
제 소원은 아픈 사람은 줄어 가고 행복한 사람이

많아지는 거예요. 너무 이상적인 꿈이죠. 영원히 이루어지지 않을 수도 있어요. 하지만 저는 제 꿈의 손톱만한 조각이라도 이루기 위해 이렇게 글을 씁니다.

아픈 세상, 고통이 가득한 삶 속에 우리 같이 가봅시다. 서로 사랑하고 위로하는 거예요.

우리는 사랑하고 위로하고

이소은 지음

초판 1쇄 발행 2025년 5월 1일
　　　2쇄 발행 2025년 9월 16일
글　　　이소은
편집　　이소은
디자인　이소은

발행처 메모리북스
출판등록 2025년 8월 28일 제 395-2025-000239호
전자우편 soeun_official@naver.com
인스타그램 @so__essay

ISBN 979-11-994595-1-9(03810)